中国科学家故事丛书·第1辑

行医道 战病毒

任福君 主编

科学普及出版社
·北京·

图书在版编目（CIP）数据

行医道　战病毒 / 任福君主编. -- 北京：科学普及出版社, 2021.9

（中国科学家故事丛书. 第1辑）

ISBN 978-7-110-10281-7

Ⅰ. ①行… Ⅱ. ①任… Ⅲ. ①科学家 – 生平事迹 – 中国 – 现代 – 青少年读物 Ⅳ. ①K826.1-49

中国版本图书馆CIP数据核字(2021)第131444号

策划编辑	王晓义
责任编辑	罗德春
封面设计	郑子玥
正文设计	北京中科星河文化传媒有限公司
责任校对	焦　宁
责任印制	徐　飞

出　　版	科学普及出版社
发　　行	中国科学技术出版社有限公司发行部
地　　址	北京市海淀区中关村南大街16号
邮　　编	100081
发行电话	010-62173865
传　　真	010-62173081
网　　址	http://www.cspbooks.com.cn

开　　本	889mm×1194mm　1/16
字　　数	60千字
印　　张	6.75
版　　次	2021年9月第1版
印　　次	2021年9月第1次印刷
印　　刷	北京瑞禾彩色印刷有限公司
书　　号	ISBN 978-7-110-10281-7 / K・174
定　　价	60.00元

（凡购买本社图书，如有缺页、倒页、脱页者，本社发行部负责调换）

丛书由中国科协创新战略研究院组织编写
由"老科学家学术成长资料采集工程"提供学术支撑

丛书编委会

主　任　任福君

副主任　赵立新

编　委　（按姓氏笔画排序）

马　丽　王　妍　石　磊　刘树勇

肖博仁　张晓铮　钟卫宏　高文静

本书编委会

主　编　任福君

副主编　石　磊　高文静

绘　画　（科学家肖像）　杜爱军

前言

2019年5月,中共中央办公厅、国务院办公厅印发了《关于进一步弘扬科学家精神加强作风和学风建设的意见》,将科学家精神归纳为:胸怀祖国、服务人民的爱国精神,勇攀高峰、敢为人先的创新精神,追求真理、严谨治学的求实精神,淡泊名利、潜心研究的奉献精神,集智攻关、团结协作的协同精神,甘为人梯、奖掖后学的育人精神。2020年9月11日,习近平总书记主持召开了科学家座谈会,在会上指出:"科学成就离不开精神支撑。科学家精神是科技工作者在长期科学实践中积累的宝贵精神财富。"弘扬科学家精神不仅是党和国家的要求,也是党和国家赋予我们的崇高使命。

中国科学家精神是宝贵的精神财富,是培养青少年思想道德素质和科学文化素质的重要营养元素。中国科学家精神是引导青少年把个人理想融入时代主题,立志做担当民族复兴大任的时代新人的一盏明灯。培根铸魂要从青少年抓起,用中国科学家精神滋养青少年的心田,播下中国科学家精神之种。

科学家精神既是抽象的,又是具体的。科学家精神体现在科学家的成长、求知、创新和奉献中,因此,讲述科学家的故事,展示和传播科学家精神既是当务之急,更是弘扬科学家精神的有效途径。中国科学技术协会作为科技工作者之家,承担着弘扬科学家精神的重任,肩负着科普尤其是普及科学家精神的职责。在新时代,向青少年传播科学家精神,是厚植科技创新沃土、培养科技后备军的重要途径。为此,中国科协创新战略研究院联合中国科学技术出版社暨科学普及出版社,以老科学家学术成长资料采集工程的一手资料为基础,以中国科学家微信公众号发表的文章为蓝本,组织编写了《中国科学家故事丛书》。丛书结合青少年的阅读特点和心理特征,从国家勋章获得者、国家最高科学技术奖获得者、"两弹一星"元勋等荣誉获得者中选取了40位科学家代表人物作为故事的主人公,依照中国科学家精神的要素编写其成长故事、求学故事、创新故事、求实故事、奉献故事、协同故事等。同时,采用绘画和资料图片融合的方式进行页面设计,以求达到活化时代背景、还原历史场景,把文字故事融入历史场景,让场景丰富和活化故事内容的目的。

丛书第1辑共4册,分别为《勇问天 巧问地》《行医道 战病毒》《知原子 铸核武》《格数理 造新物》;每个分册有10位科学家,4册共计40位科学家。其中,《勇问天 巧问地》主要讲述地质学、地理学、气象学、植物学、建筑学、航空、农作物育种等领域的中国科学家谢家荣、侯仁之、叶笃正、吴征镒、刘东生、吴良镛、顾诵芬、袁隆平、李振声、曾庆存的故事;《行医道 战病毒》主要述说临床医学、基础医学、中医学等领域的科学家吴孟超、王振义、王忠诚、顾方舟、侯云德、屠呦呦、钟南山、张伯礼、张定宇、陈薇的故事;《知原子 铸核武》主要是关于原子核物理、核武器研制等领域的科学家钱三强、何泽慧、王大珩、黄纬禄、程开甲、黄旭华、彭士禄、于敏、孙家栋、钱七虎的故事;《格数理 造新物》主要讲述数学、物理学、化学及大型实验装备建造等领域的科学家严东生、吴文俊、谢家麟、洪朝生、徐光宪、师昌绪、闵恩泽、郑哲敏、谷超豪、南仁东的故事。

编写这套丛书的目的是传播中国科学家故事,弘扬中国科学家精神,希望得到广大青少年读者的欢迎。同时,希望通过这套丛书以及全社会的努力,让科学家精神的雨露洒满神州大地,使学科学、爱科学在青少年中蔚然成风,让投身科学成为新时代广大青少年人生理想的首选。

目/录

01
突破肝胆禁区的大医生——吴孟超

他被誉为"中国肝胆外科之父"，96岁高龄仍然站在手术台上为患者服务

11
诱导分化克癌症——王振义

他用诱导分化的方法"改造"癌细胞，让世界难题——血癌的治疗看到了希望

21
为大脑和脊髓摘肿瘤——王忠诚

他带领团队一次又一次地勇闯生命禁区，在脑袋里"动刀子"

31
消灭小儿麻痹症——顾方舟

在与脊髓灰质炎病毒的斗争中，是他用一颗"糖丸"让小儿麻痹症在中国大地绝迹

41
挑战病毒护苍生——侯云德

为中国的传染病防控编织了巨网，功莫大焉；为中国生物技术发展谋篇布局，未雨绸缪

51
一株青蒿救众生——屠呦呦

她从青蒿中分离出青蒿素,制成治疗烈性传染病疟疾的药物,90岁高龄还在做研究

61
求真求实的大医生——钟南山

两次站在重大疫情的前沿,科学研判,实事求是,为抗击疫情找准了方向

71
扛起中医药的大旗——张伯礼

他率领"中医国家队",抗起了中医抗疫的大旗;他坚持推动中医药现代化,功效卓著

81
坚守在"风暴之眼"——张定宇

拖着"渐冻症"的病体,奋战在中国"抗疫阻击战最早打响的地方",成为万众敬仰的"人民英雄"

91
病毒战场上的"花木兰"——陈薇

她是敢于和病毒作战的女将军,特别是在新冠病毒肆虐之时,她带领团队率先研制出国产疫苗

吴孟超（1922—2021）
肝脏外科学家
中国科学院院士
2005年国家最高科学技术奖获得者

突破肝胆禁区的大医生
——吴孟超

  他是中国肝脏外科的开拓者和主要创始人，96岁高龄仍然每周做3台高难度的手术。他就是被誉为"中国肝胆外科之父"的吴孟超。

02 | 行医道　战病毒

国立贵阳医学院旧址

矢志外科"操刀手"

1922年，吴孟超出生于福建省闽清县一户贫苦农家。5岁时，他随母亲前往南洋（今马来西亚）投奔父亲，8岁开始在橡胶园操刀割胶。他把这段经历概括成一句话："这也算是我最早期的操刀训练吧！"

1940年年初，17岁的吴孟超与同学相约回国抗日，3年后考入国立同济大学医学院。1947年，吴孟超遇见了名扬中外的外科医生裘法祖教授。从那时起，吴孟超就希望自己成为像裘法祖那样的外科医生。

20世纪40年代国立同济大学医学院实验课

当时，由于吴孟超的小儿科考试成绩全班第一，被分配到小儿科，但他想去外科。吴孟超去找医务部主任，医务部主任说："也不看看你长的什么个儿，才一米六二，能当外科医生吗？"为了实现外科医生的理想，吴孟超放弃了小儿科的工作机会，刚毕业就失业了。

1949年8月，吴孟超看到了华东军区人民医学院附属医院（今上海长海医院）的招聘启事。终于，吴孟超如愿成了一名外科医生。

1953年，裘法祖受邀成了第二军医大学第一附属医院（今上海长海医院）的兼职教授，这让吴孟超有机会寸步不离地跟随裘法祖学本事，从诊病、手术乃至授课……没过多久，吴孟超成了裘法祖手术的得力助手。在手术台旁，吴孟超仔细观察、用心揣摩，形成了自己对"裘氏刀法"的理解："以精准见长，手术时不多划一厘米，也不少缝一针，尽量减少患者的创伤。"在裘法祖那里，他不仅学会了"裘氏刀法"，也继承了裘法祖"做人做事做学问"的衣钵。

04 | 行医道　战病毒

肝脏理论破常规

　　我国是肝脏疾病的高发地区，而当时我国在肝脏外科领域还是空白。接受裘法祖的指导，吴孟超决定走肝胆医学之路。为此，吴孟超找到同事一起翻译出版了我国第一部肝脏外科学译著——《肝脏外科入门》。

　　1958年10月，第二军医大学第一附属医院成立了由吴孟超任组长的三人肝胆外科研究小组（俗称"三人小组"）。"三人小组"从制作肝脏管道铸型模型入手，以洞悉肝脏的解剖结构，但无数次试验均告失败。

　　1959年4月，我国运动员荣获乒乓球男子单打世界冠军的喜讯让吴孟超产生了灵感：乒乓球不也是一种塑料吗？何不用它来试一下？经过2个月的努力，中国第一具完整的肝脏管道模型犹如美丽珊瑚般出现在"三人小组"面前，把纵横交错、攀缘缠绕的大小血管用不同颜色清晰地呈现出来。通过对肝脏标本的详尽观察、解读和分析比对，再结合临床实际，1960年吴孟超提出了人体肝脏"五叶四段"的解剖学理论。在此之前，多数人认为肝脏简单地分为左、右两叶而已。

　　这一理论为肝脏手术奠定了解剖学基础，为肝脏手术提供了明晰、安全的理论指导。

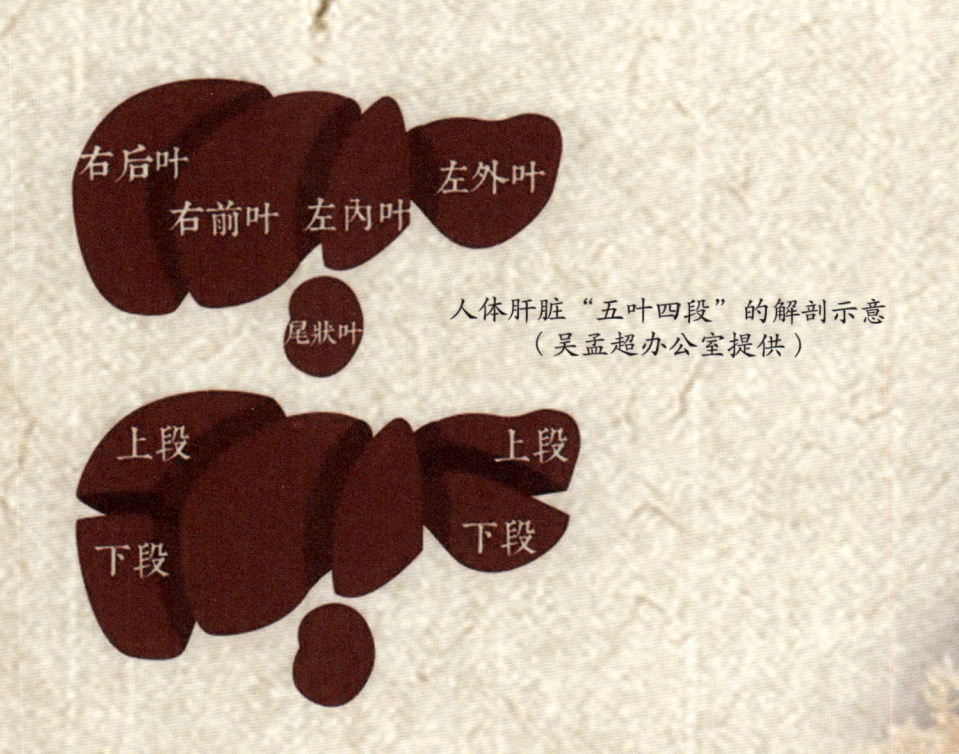

第一部肝脏外科学译著

人体肝脏"五叶四段"的解剖示意
（吴孟超办公室提供）

突破肝胆禁区的大医生——吴孟超 | 05

"三人小组"对照模型细致地研究肝脏血管走向（右一为吴孟超）

肝叶切除攀高峰

1963年，吴孟超作为最年轻的医学专家受邀参加上海某医院的会诊。会诊的目的是确诊患者是否患有中肝叶肿瘤，能否实施中肝叶切除手术。

肝脏手术是外科手术中的禁区，中肝叶手术则是"禁区中的禁区"。因为中肝叶处于整个肝脏的"心脏"部位，管道结构极其复杂，肝内几乎所有的重要管道都经过那里。中肝叶切除手术会造成两个切面，失血量会明显增加，且不利于伤口的缝合与恢复，又极易损伤肝门，甚至可能出现致命的并发症。参加会诊的专家们因此都默不作声，只有吴孟超站了出来，"这位病人就交给我吧！"凭着娴熟的手术技艺及充分的术前准备，他带领团队突破了"禁区中的禁区"，使我国肝脏外科进入世界前列。就在同一年，吴孟超带领团队又完成了3例中肝叶切除术，全部取得成功。这标志着由他开创的肝脏外科手术技术逐步走向成熟。

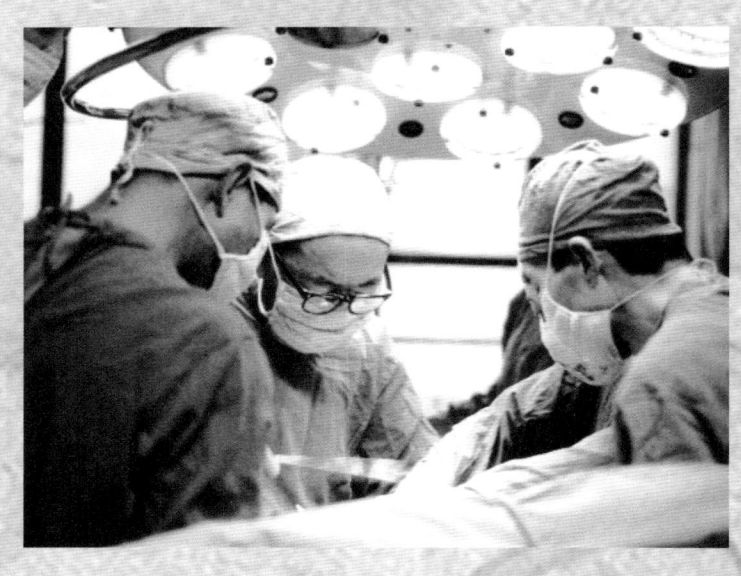

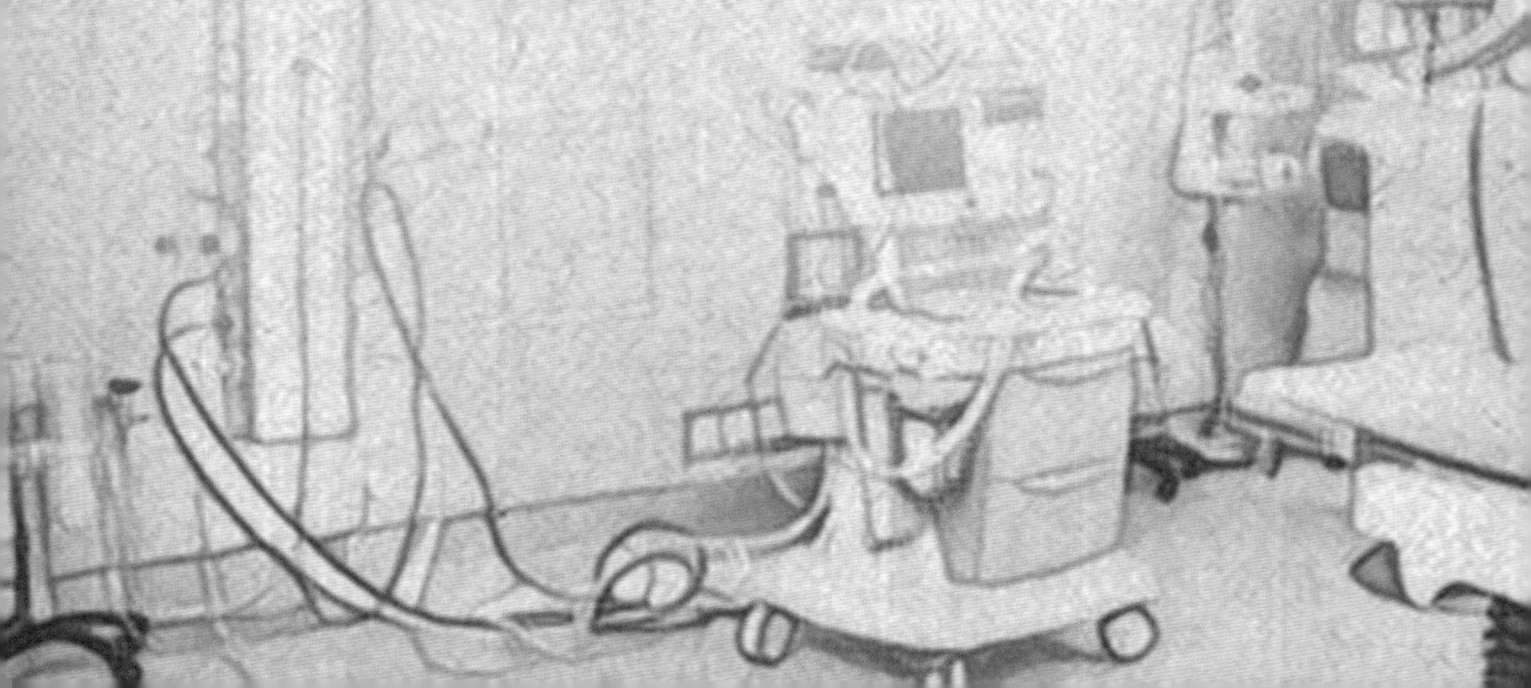

吴孟超（中）正在聚精会神地做中肝叶肿瘤切除手术

吴孟超研究肝脏标本

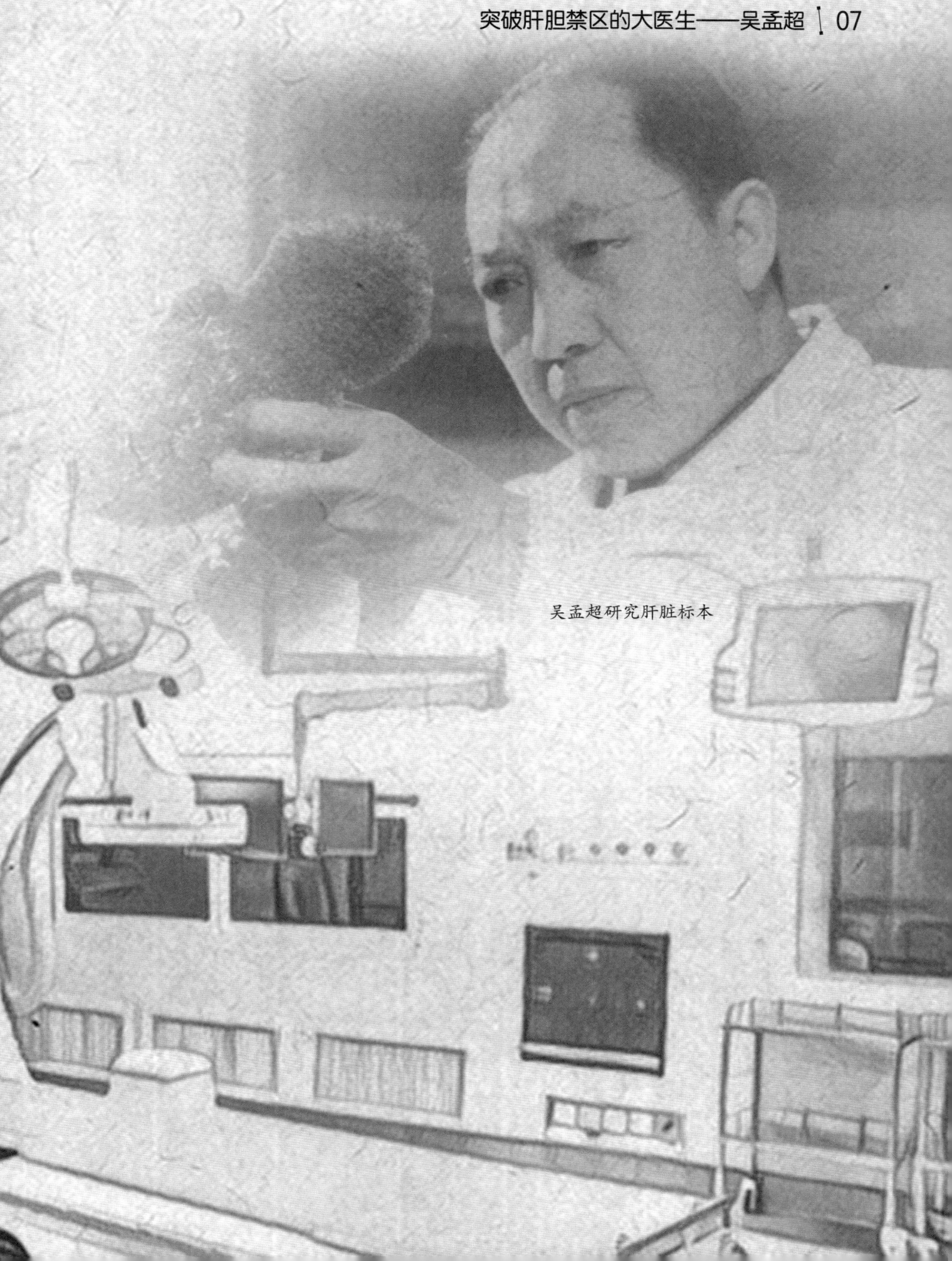

08 | 行医道 战病毒

耄耋之年的吴孟超
坚持主刀高难度肝癌切除手术（方鸿辉 摄）

坚守手术逾九旬

吴孟超心系患者，患者向他求医，他不分高低贵贱，都认真接待，细心诊治；不少患者求医心切，常常在马路上将他的车子拦下，而他总是耐心接过患者的病历和X线片细心询问查看，热心安排治疗。他人到哪里，看病到哪里，外出考察、开会的间隙常常是他为患者看病的时间。出差归来，他总是先到病房看望患者，然后再回家。

吴孟超退休了

从医70余年，吴孟超率团队挽救了超过16000名患者的生命。直到2018年年底，这位耄耋老人依然坚持每周至少完成3台高难度的肝癌切除手术。吴孟超说："我是一名医生，倒在手术台上是我最大的幸福。"

2019年1月14日，97岁高龄的吴孟超正式退休。在退休仪式上，吴孟超精神矍铄地表示："虽然退休了，但只要组织需要，只要患者需要，我随时可以进入战位，投入战斗！"

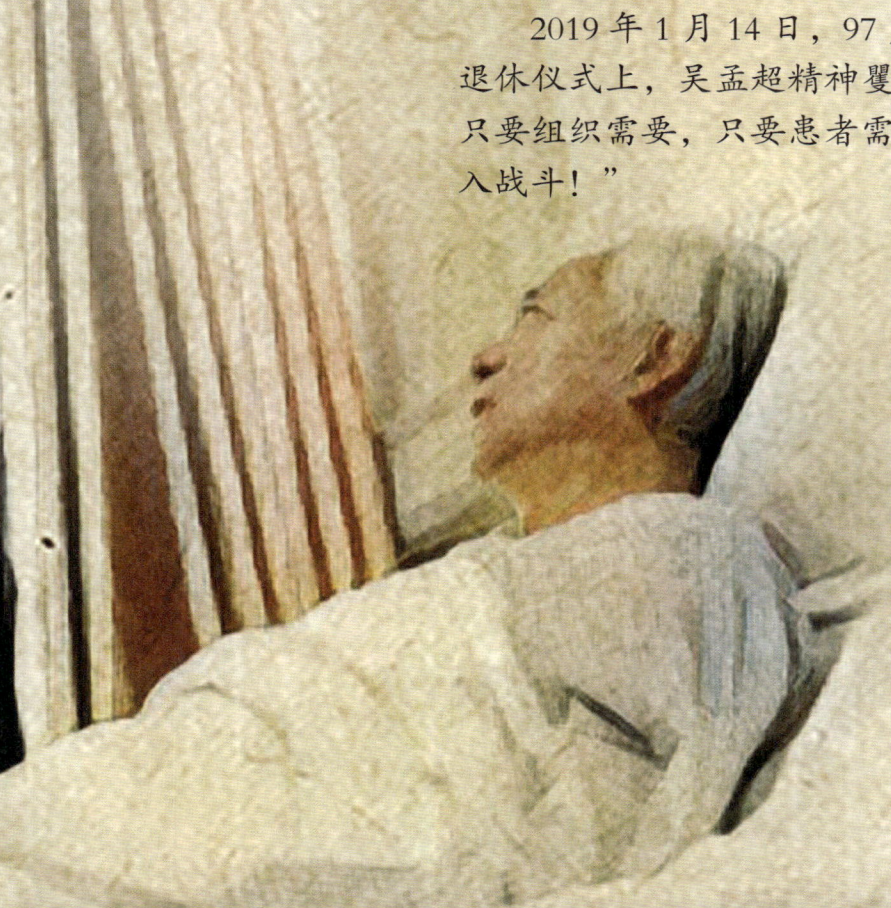

（本文作者：韦中燊）

**中华人民共和国
国家科学技术奖励
证　书**

王振义（1924—　　）
内科血液学学家
中国工程院院士
2010年国家最高科学技术奖获得者

诱导分化克癌症
——王振义

他用诱导分化的方法来"改造"癌细胞，让它们变成正常细胞。该疗法与青蒿素的发现等并列为"新中国对世界医学的八大贡献"。他就是被誉为全球"癌症诱导分化第一人"的王振义。

医学救国起童年

12 岁的王振义

1924年，王振义出生于上海市。年幼的王振义很顽皮，爱踢毽子、玩弹弓，学习成绩却一直不错。他的玩和学并不矛盾，在玩耍之中他常常能发现问题并进行思考。他的父亲特别重视对子女的教育，经常告诉孩子们："落后就会挨打，要科学救国，好好念书才能为国家做贡献。"

王振义7岁的时候，他的祖母因为一场伤寒去世。他很悲痛，但也在想："为什么这个病不能治呢？怎么会得上这个病呢？难道就真的就没有办法医治吗？"他在心里不停地发问，在懵懂之中，萌生了探求医学知识的冲动。或许这就是向"医学救国"迈开的第一步。1942年，王振义从震旦大学附属中学毕业，免试直升震旦大学时选择了学医。

震旦大学

凡事都要问究竟

抗美援朝上海医疗队队友合影
（后排右一为王振义）

"孔子入庙每事问"，王振义也有这样的"习惯"。1953年，他参加了抗美援朝志愿医疗队，在战地医院碰到一种"怪病"——很多战士出现咯血、头痛，被初步诊断为结核性脑膜炎。但是，王振义却提出质疑：结核性脑膜炎并非传染病，为什么大家会同时患病？带着这个疑问，王振义埋头查阅资料，终于找到与此症状类似的肺吸虫病。王振义还把患者的血痰涂片拿到显微镜下观察，果然发现了虫卵。正确的诊断和及时的治疗使一大批患病的战士得以重返战场。

在行医中王振义发现，有些人即使拔一颗牙也会出血不止，一般止血疗法也无效。喜欢刨根问底的他在查阅文献时了解到国外关于轻型血友病A的报道，患者血浆中凝血因子Ⅷ的水平为正常人的5%—25%，小手术后会出血不止。对此病的检测诊断，需要用到硅胶，但当时国内没有。后来，王振义想到用石蜡代替硅胶的办法，最终成功在国内率先确立了检测方法，并做出血友病A、B的分型及其轻型的诊断，解决了这种不明原因出血的诊断和治疗难题。

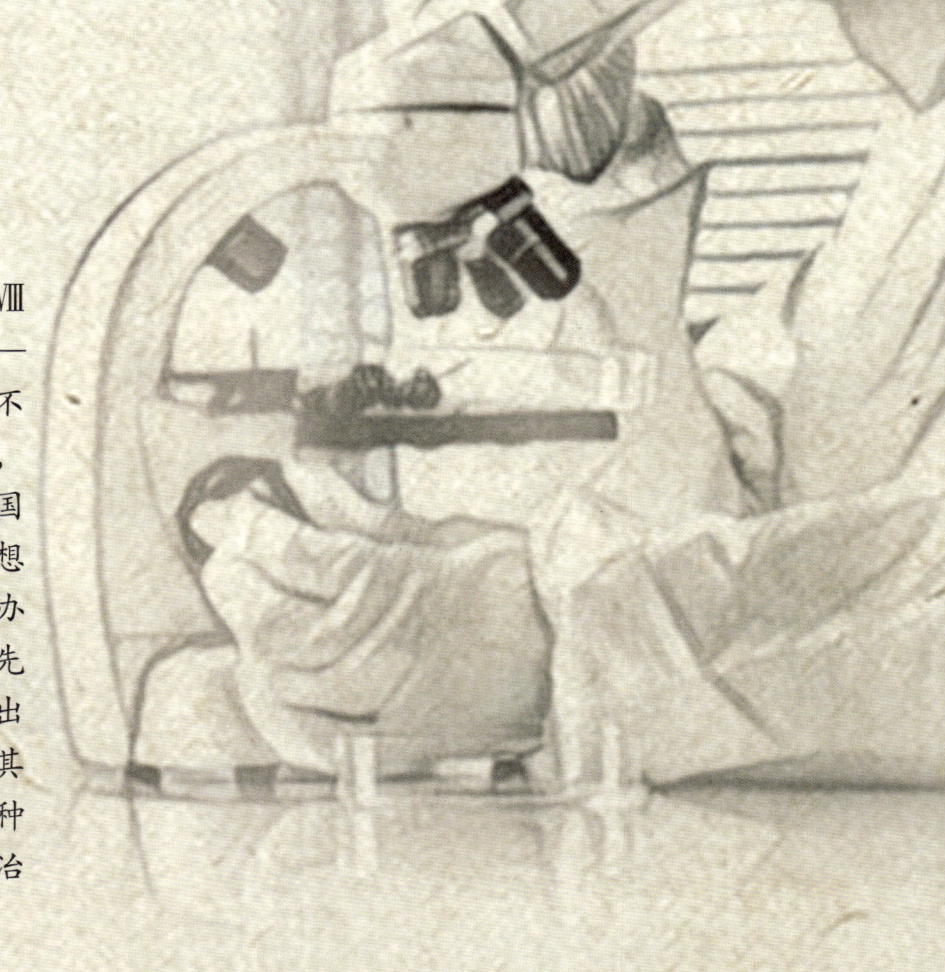

8年探索治血癌

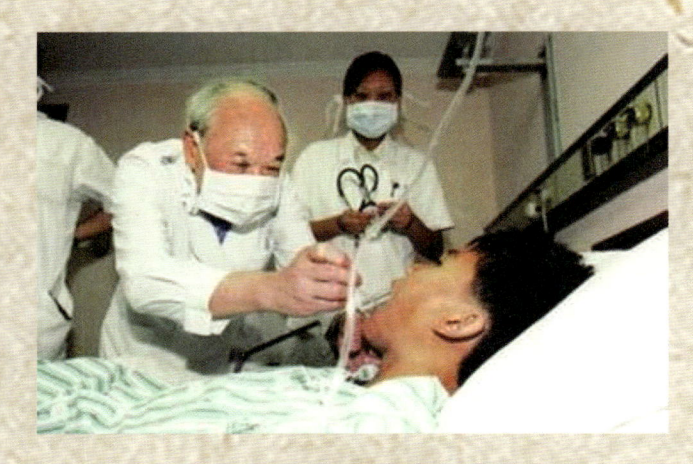

王振义等为白血病患儿制订治疗方案

白血病素有"血癌"之称，其中急性早幼粒细胞白血病（简称M3）是一种最凶险、病情恶化最快、致死率最高的白血病，若不及时治疗，90%的患者将在半年内失去生命，最快的只要3天。

1978年，王振义开始投入对M3研究，并大胆地提出用诱导分化的方法来"改造"癌细胞的想法！这个想法为世界首创！经过8年的探索和研究，王振义发现全反式维A酸可在体外将M3细胞诱导分化为正常细胞。

1986年，上海市儿童医院一名5岁的急性早幼粒细胞白血病患儿生命垂危，多方医治无效。在所有人要放弃的时候，王振义顶住压力，决定采用尚在试验阶段的全反式维A酸治疗方案。7天后，奇迹出现了，孩子的病情出现好转，一个月后症状完全缓解。这是世界公认的第一个诱导分化法让癌细胞"改邪归正"的成功案例。此后，奇迹一个一个地出现，点燃了白血病患者的生命之光。王振义改写了白血病的治疗现状，开创了肿瘤治疗的新格局，成为"癌症诱导分化第一人"。

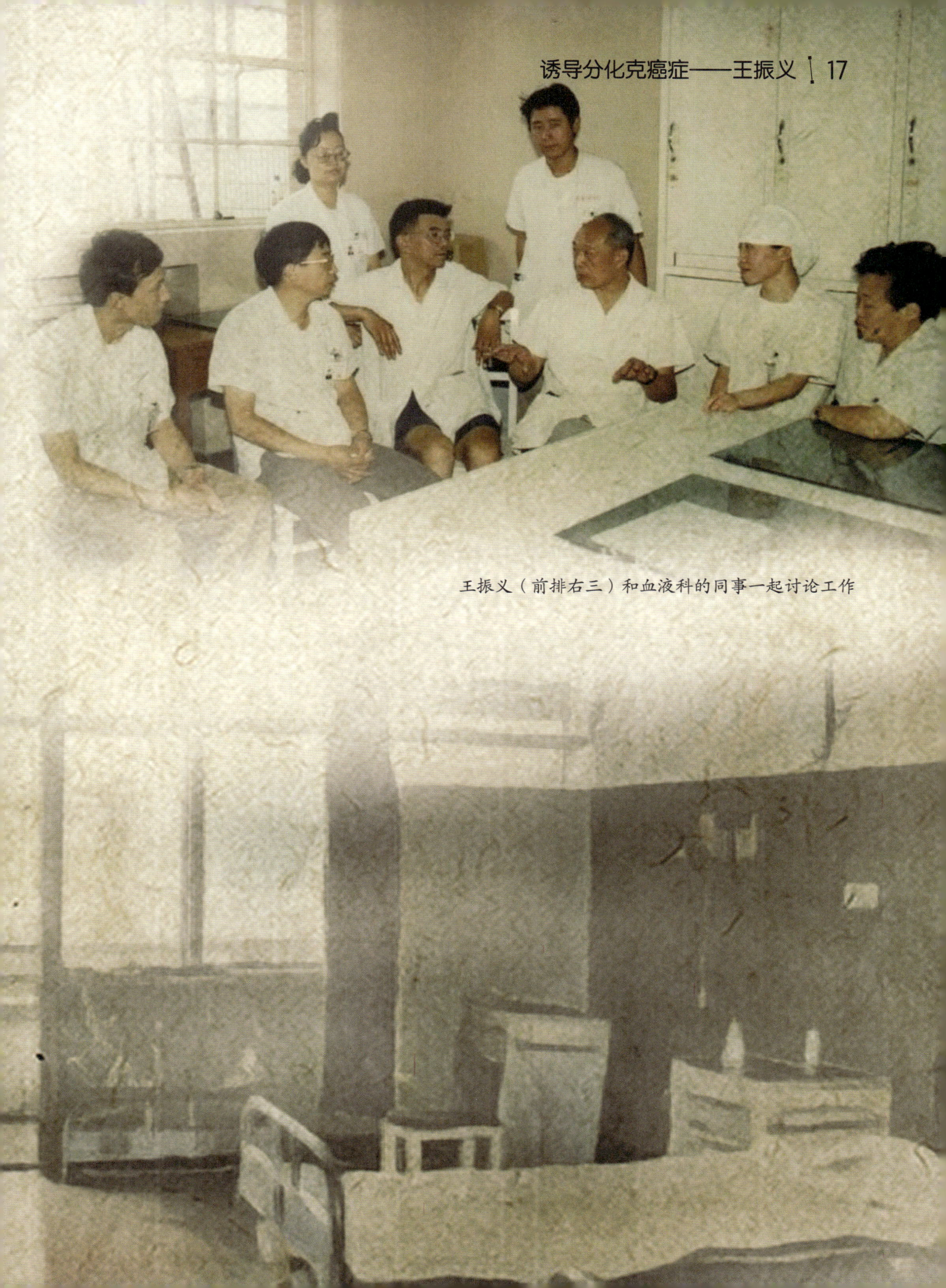

王振义（前排右三）和血液科的同事一起讨论工作

"一门四院士"传佳话

王振义为中国医学界培养了无数精英,其中包括卫生部原部长、中国科学院院士陈竺,科技部"973"计划项目最年轻的首席科学家、中国科学院院士陈国强,上海交通大学医学院附属瑞金医院血液学研究所原所长、中国工程院院士陈赛娟,创造了"一门四院士"的奇迹。王振义认为:"为师,我最大的心愿就是把自己积累的学术财富传给年轻人。"

王振义对学生要求很严格,对学生作业和论文都要认真把关,改上好几遍。陈国强院士回忆硕士研究生论文的修改过程时说,王老师先后改了10遍,并多次把他叫到家吃晚饭,饭后马不停蹄地接着改。正是王振义这种严谨求实的精神,一直激励着陈国强,使他不断进步,成为我国血液病研究领域的著名专家。

对陈竺和陈赛娟,他亲自指导二人进行血液病理生理实验,更力荐他俩赴法留学。1996年,王振义将上海血液学研究所所长的位置让贤于陈竺。他说:"我觉得年轻人对血研所的发展更有好处,那么理所当然,就让贤、让他去领导。"

王振义(后第二排右三)出席学生会召开的教改座谈会

诱导分化克癌症——王振义 19

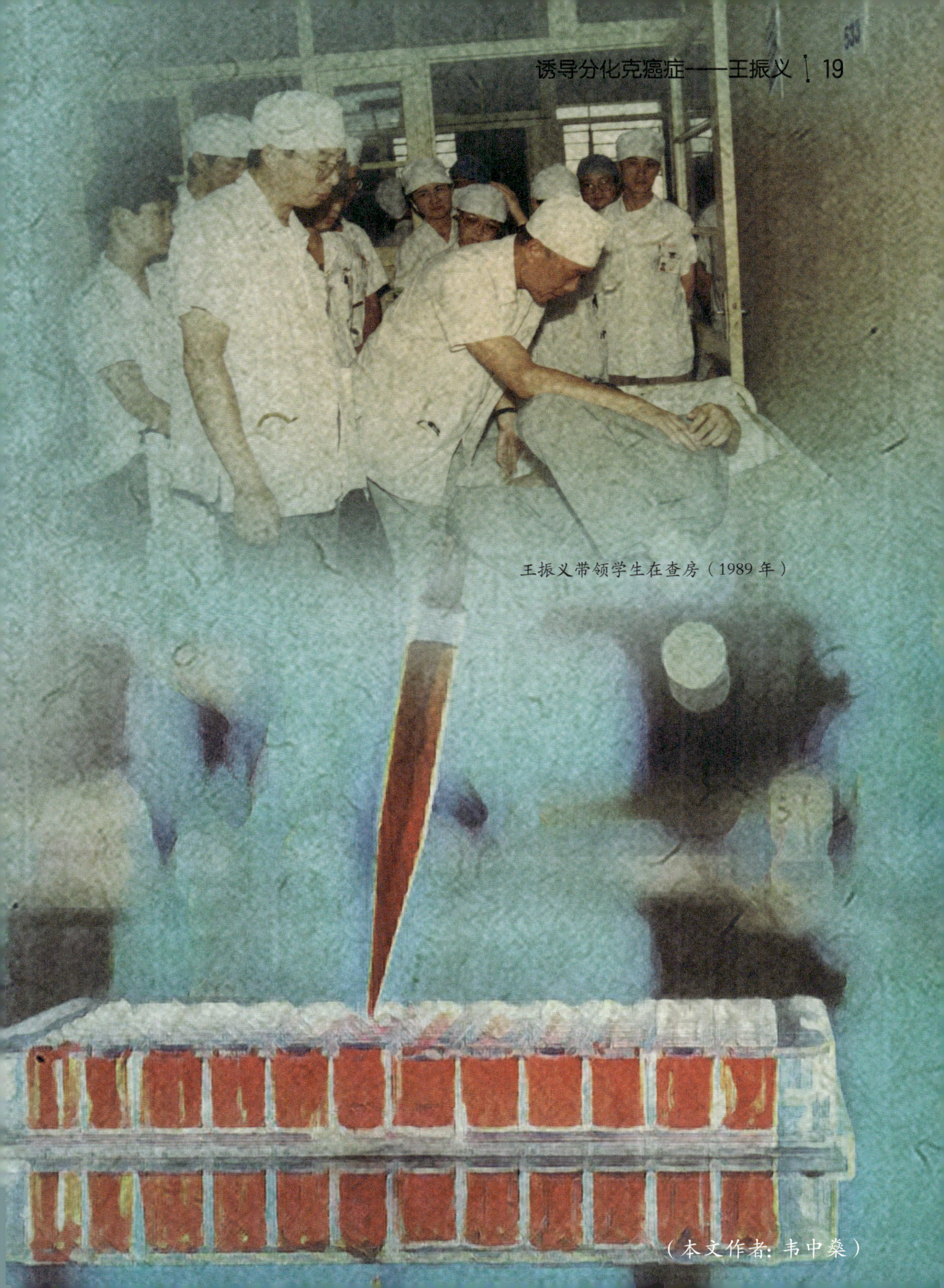

王振义带领学生在查房（1989年）

（本文作者：韦中燊）

王忠诚（1925—2012）

神经外科学家

中国工程院院士

2008年国家最高科学技术奖获得者

为大脑和脊髓摘肿瘤
——王忠诚

人的脑干充满了重要神经核团,在医学界一直被视为手术禁区。他敢于在脑袋里"动刀子",好像"在万丈深渊上走钢丝"。他带领团队一次又一次地勇闯生命禁区。他就是被誉为"大国医"的王忠诚。

22 | 行医道 战病毒

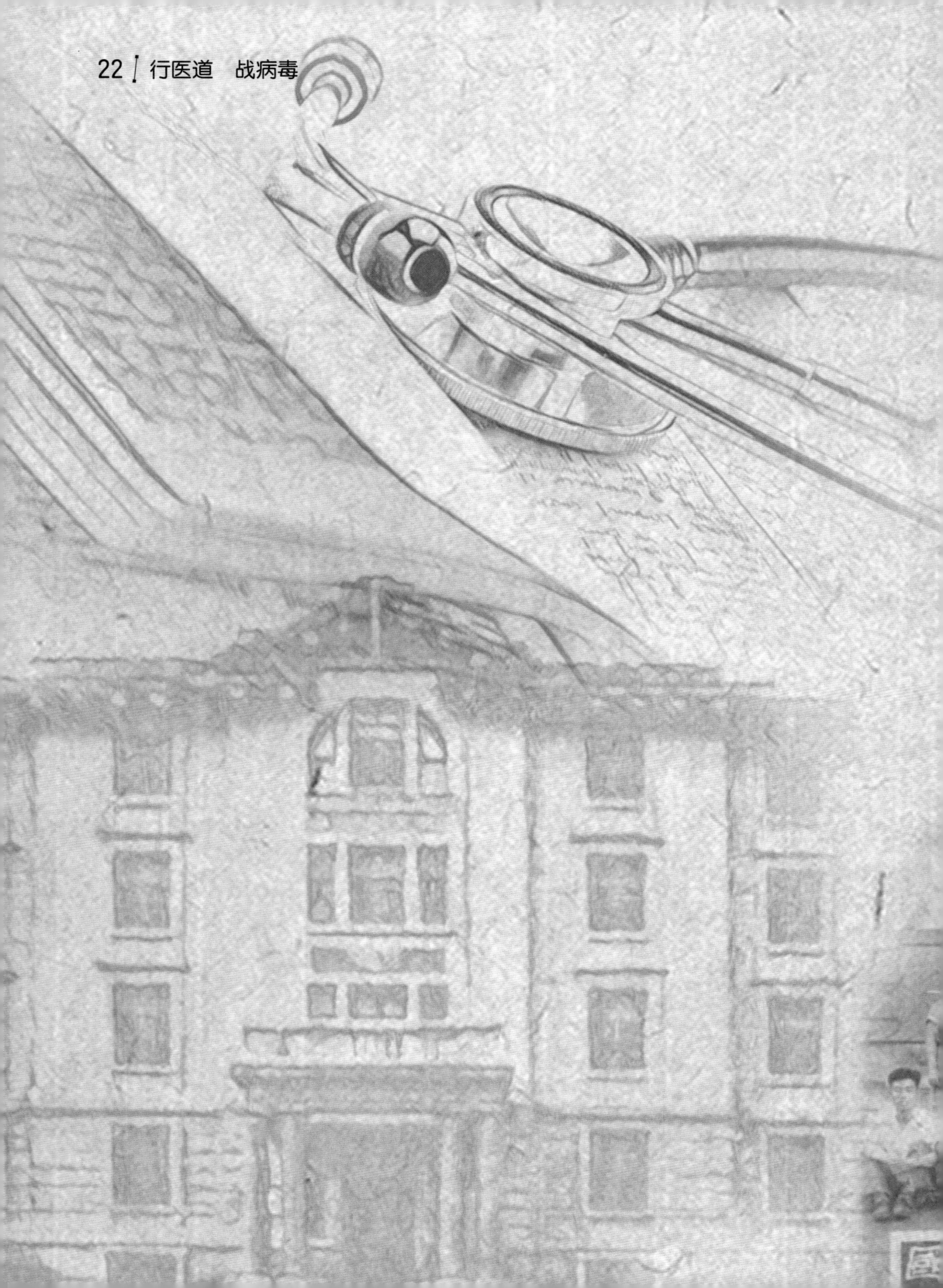

半工半读艰难求学

1925年，王忠诚出生于山东省烟台市的一个贫寒家庭，在九个兄弟姐妹中排行第六。父母靠着摆地摊卖杂货艰辛度日，家里的女孩都未能上学，男孩最多上到初中。虽然高中时他也曾因经济困难而辍学，但王忠诚坚决要求读书，最终靠着半工半读考入了大学，成为家里唯一的大学生。

最初，王忠诚的想法是学工科，因为国家建设需要发展工业。但由于家里经济困难，王忠诚选择了当时不收学费的医学院，进入国立北京大学医学院（今北京大学医学部）。大学期间，王忠诚为了解决生活费，课余时间在外边做家教，冬天给居民送煤，最终靠着勤工俭学完成了学业。1950年，王忠诚大学毕业，成为天津总医院的一名外科医生。

1949年6月国立北京大学医学院一九五○级毕业同学全体合影（前排右三为王忠诚）

战场归来改学神外

1951年,王忠诚随天津抗美援朝医疗队赴战场抢救志愿军伤员。刚到战地医院,战场上就送来了一位脑外伤伤员——他比王忠诚小9岁。当时大家毫无办法,只能眼睁睁地看着这位小战士永远地闭上了眼睛。此情此景让王忠诚心如刀割,当即暗下决心:"如果有可能,回国后要去学神经外科,要把中国的神经外科建立起来。"

1952年,王忠诚从朝鲜战场回到天津市。碰巧,这时候卫生部在天津市筹建神经外科培训班,得知消息之后,王忠诚毫不犹豫地申请参加。当时的条件十分艰苦,没有标本,只能到野外无主的坟地去挖头颅骨,回来做解剖实验,制作成教学研究使用的标本。没有教材,即便是解剖学方面的书籍,图书馆里也只有一本英文的,仅能作为参考。即使这样,王忠诚通过不懈的努力,终于成长为我国第一批神经外科医生中的一员。

1951年冬，天津抗美援朝医疗队在吉林省洮南县合影
（第三排右二为王忠诚）

攻克脑血管造影术

1955年,中国第一个神经外科在北京市成立后不久,王忠诚被调入。那个时候,神经外科医生中流传着"诊断难死人,手术累死人,疗效气死人"的顺口溜。王忠诚却认为,诊断是治疗的基础,要具备先进的神经外科诊断技术——脑血管造影术。整整一个夏天,王忠诚和同伴都泡在医院一间密不透风的房间内,在尸体上反复试验,终于成功掌握了脑血管造影技术。那时的防护设备很差,他顾不得自身安全,直接暴露在放射环境中进行试验。长期超大剂量接触放射线,使他发热、脱发、牙龈出血,白细胞一度降到只有正常人的一半,有两次险些丢掉性命。

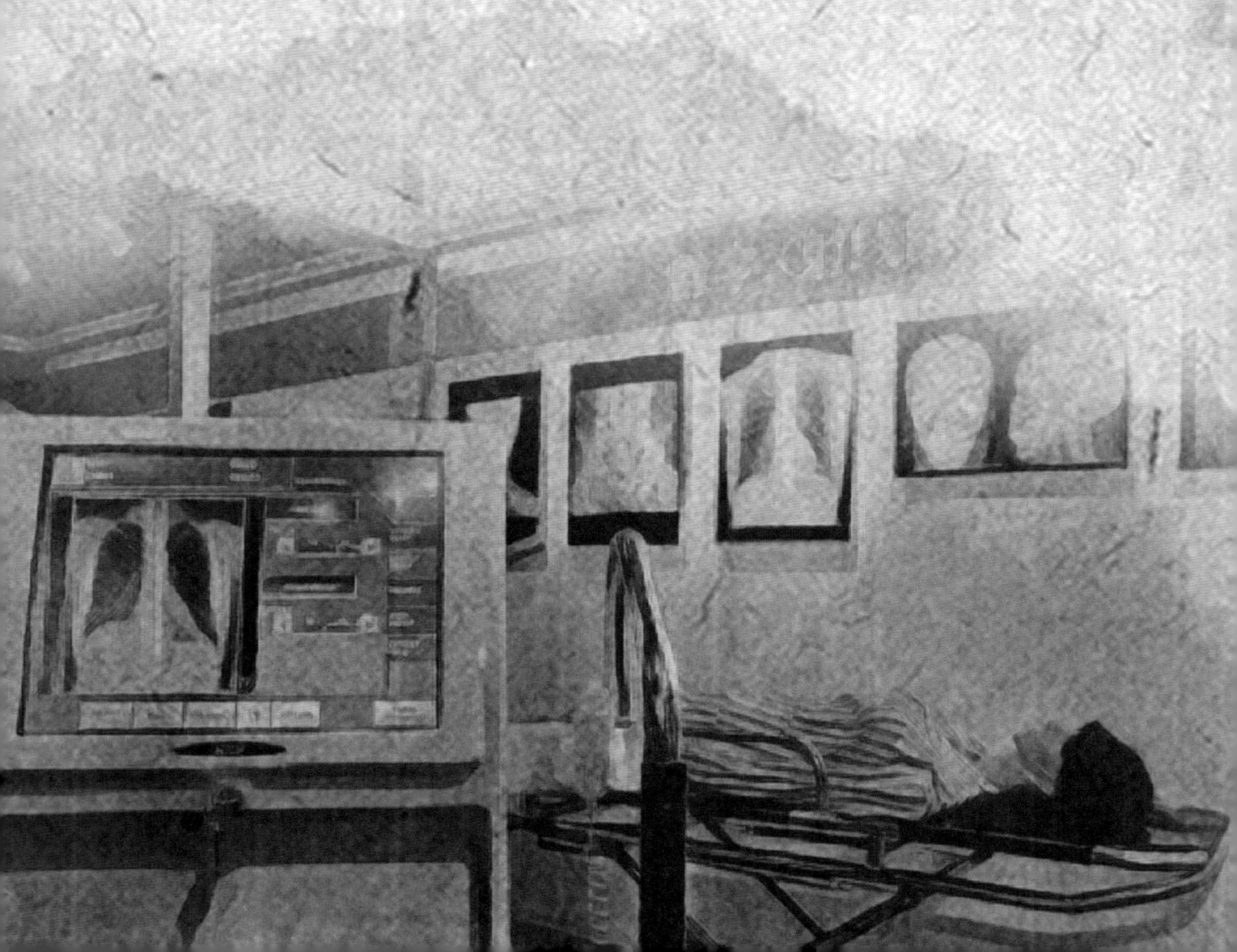

为大脑和脊髓摘肿瘤——王忠诚 | 27

王忠诚察看患者的核磁影像片

《脑血管造影术》图书封面

王忠诚说:"我知道危害性有多大,但是豁出去了!外国人能做,我们也一定要想办法研究出来。"最终,他成功掌握了脑血管造影技术,大大提高了颅内病变的确诊率。又经过多年临床实践和不断完善,1965年,他出版了囊括2500份造影资料的《脑血管造影术》。这是中国神经外科的一大进步。

勇闯禁区攻克难题

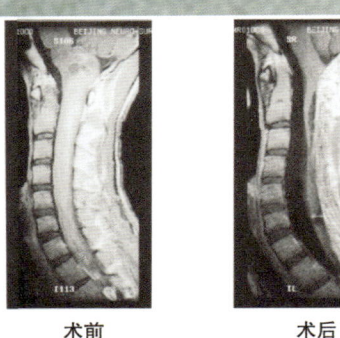

脊髓内肿瘤切除手术一直都是一个世界性医学难题。这种病的治疗效果差,术后瘫痪多,往往"治不了聋又添哑",国外极少有人问津。对此,王忠诚却毅然决然地把手术刀探进这一禁区。

1995年春,江苏省淮阴市的一个男孩被送进天坛医院。他的脊髓内长了一个粗约2.5厘米、长约22厘米的巨大肿瘤,共挤占了9节椎体,把脊髓挤压成了扁片,造成全身肌肉严重萎缩。王忠诚知道这个手术的难度实在太大了。在做了充分准备的基础上,王忠诚在手术台前奋战了整整10个小时,成功地将巨瘤完全剥离了下来。

2年后,医院派出的复查小组来到江苏省淮阴市,看到的是一个能扛起煤气罐的健壮小伙子,没有留下任何后遗症。国外同行都把这次手术称为"惊动世界的世纪之作"。

术前　　术后

切除的肿瘤标本长达22厘米

病例:王忠诚成功地切除了世界上至今最长的髓内室管膜瘤

为大脑和脊髓摘肿瘤——王忠诚

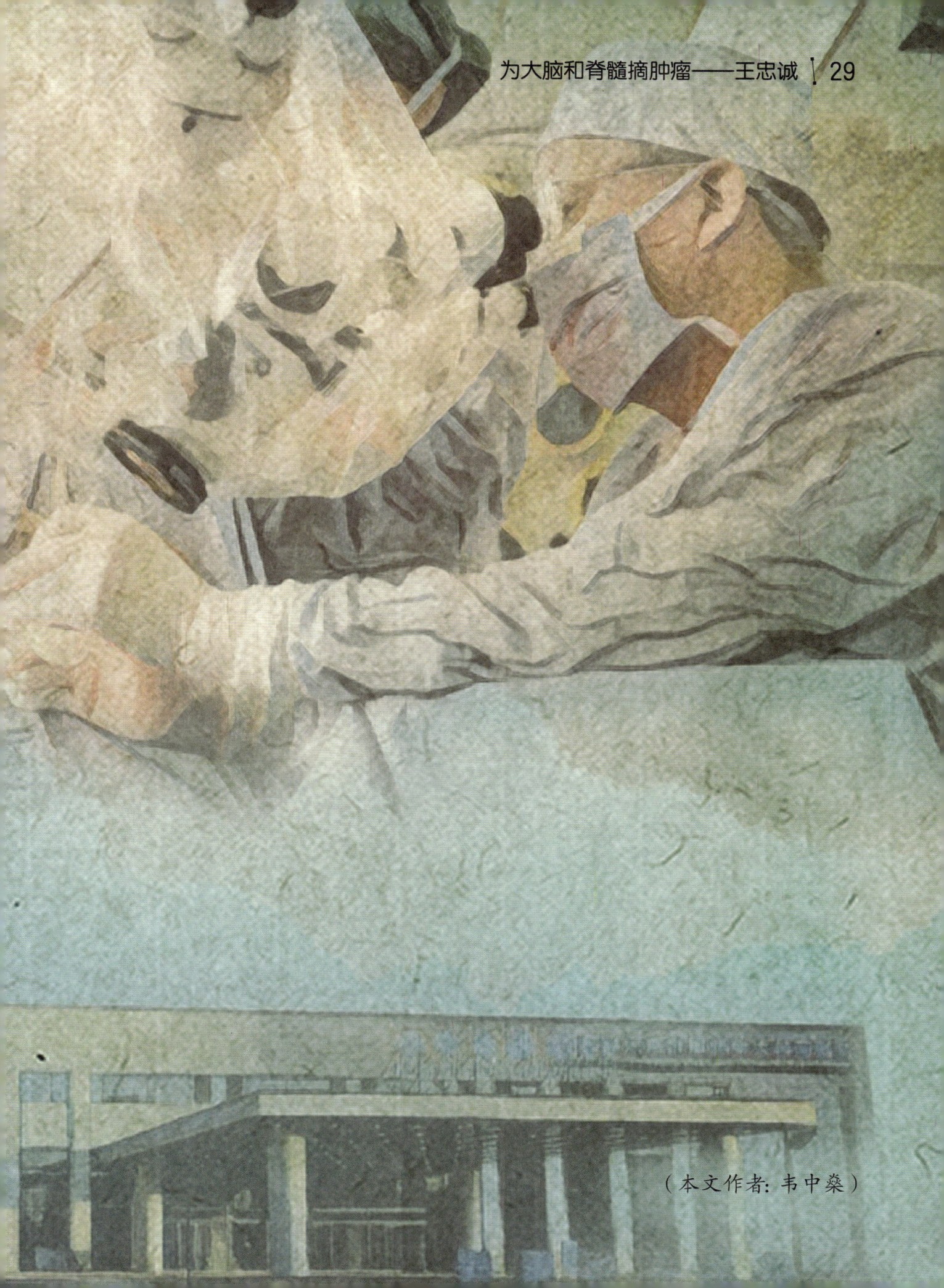

(本文作者：韦中燊)

顾方舟（1926—2019）
病毒学家
2019年"人民科学家"国家荣誉称号获得者

消灭小儿麻痹症
——顾方舟

  他拿出一颗"糖丸",让令人闻之色变的小儿麻痹症在中国大地绝迹;他庇护了亿万名中国儿童,使他们不再受病魔侵扰;他为一大事来,成一大事去。他就是人民科学家顾方舟。

32 | 行医道　战病毒

少年立志当医生

1926年，顾方舟出生于浙江省宁波市的一个小职员家庭。5岁那年，他的父亲在一艘非洲来的货轮上做外勤时，感染了一种当时非常致命的传染病——黑热病，被折磨了数月之后撒手人寰。

为了养家糊口，母亲只身赴浙江省杭州市学习助产技术，将他托付给外婆照顾。家道中落让年幼的顾方舟备受歧视和欺侮。一次学校排演话剧，顾方舟被安排演乞丐，同学们嘲笑他没爸爸、家里穷，就该演乞丐。为了不让外婆难过，小小的顾方舟只能懂事地假装坦然地接受种种嘲讽。

母亲学成归来，带顾方舟北上天津市，在英租界开了一家接产诊所。在这里，他们受尽了地痞滋事、流氓敲诈、警察勒索等欺负。对此，顾方舟既愤怒又感到无能为力。母亲鼓励他一定要好好读书，要争气，将来成为受人尊敬的医生，不再受气。从此，"要争气，要当医生"的念头在顾方舟的心里埋下了种子。

转攻病毒为众生

1944年，顾方舟考入国立北京大学医学院。在这里，他了解到由于中国公共卫生的落后造成疾病流行，导致了无数的社会惨剧。一次，一位同学到河北省的矿场考察劳工卫生状况，回来后边骂边讲矿上的惨状，顾方舟也跟着流下了眼泪。他意识到，如果按原来的志向做一名医生的话，一辈子只能救助有限的患者，国家现在正急缺公共卫生行业人员，如果搞公共卫生的话，做好了就是一大片人受益呀。从此，他立下了新的志向：从事公共卫生事业，把自己的命运和国家、民族的命运紧紧地联系在一起。

顾方舟（前二排右一）与国立北京大学医学院同学合影

大学毕业后，顾方舟凭借优异的成绩，成了中华人民共和国第一批留学苏联的学生。在苏联，顾方舟一天学习十几个小时，常常是天不亮就进实验室，晚上一直干到十一二点。为了看懂最新的医学文献，他努力克服语言障碍，仅仅靠着几本简单的参考书，就自学了俄语、英语、日语3种语言。1955年，取得副博士学位的顾方舟回国。在苏联的学习为他日后开展研究奠定了坚实的基础。

留苏期间与同学合影（前排右一为顾方舟）

未知病毒勇迎战

20世纪50年代，一种可怕的急性传染病在中国流行开来。患上这种病，轻则腿瘸，重则瘫痪，甚至会因无法自主呼吸而窒息死亡，病死率高达28%。这就是脊髓灰质炎（因好发于5岁以下儿童，俗称小儿麻痹症）。然而，对这样一种可怕的病毒，当时的中国医学界却一无所知。

1957年，31岁的顾方舟临危受命，带领研究小组，从各地患者的粪便中分离出脊髓灰质炎病毒，确定了病毒的类型。

当时，美国和苏联都已研制出了疫苗，有活疫苗和死疫苗两种。顾方舟认为，研制活疫苗虽然风险很大，但成本低，还能阻止疾病传播。这也是当时的最佳选择。1959年，顾方舟率队赴苏联莫斯科市考察疫苗生产技术和工艺，还从导师那里要到了疫苗原液。回国后，他带领团队马不停蹄地展开研究，不到一年就研制出了第一批活疫苗。

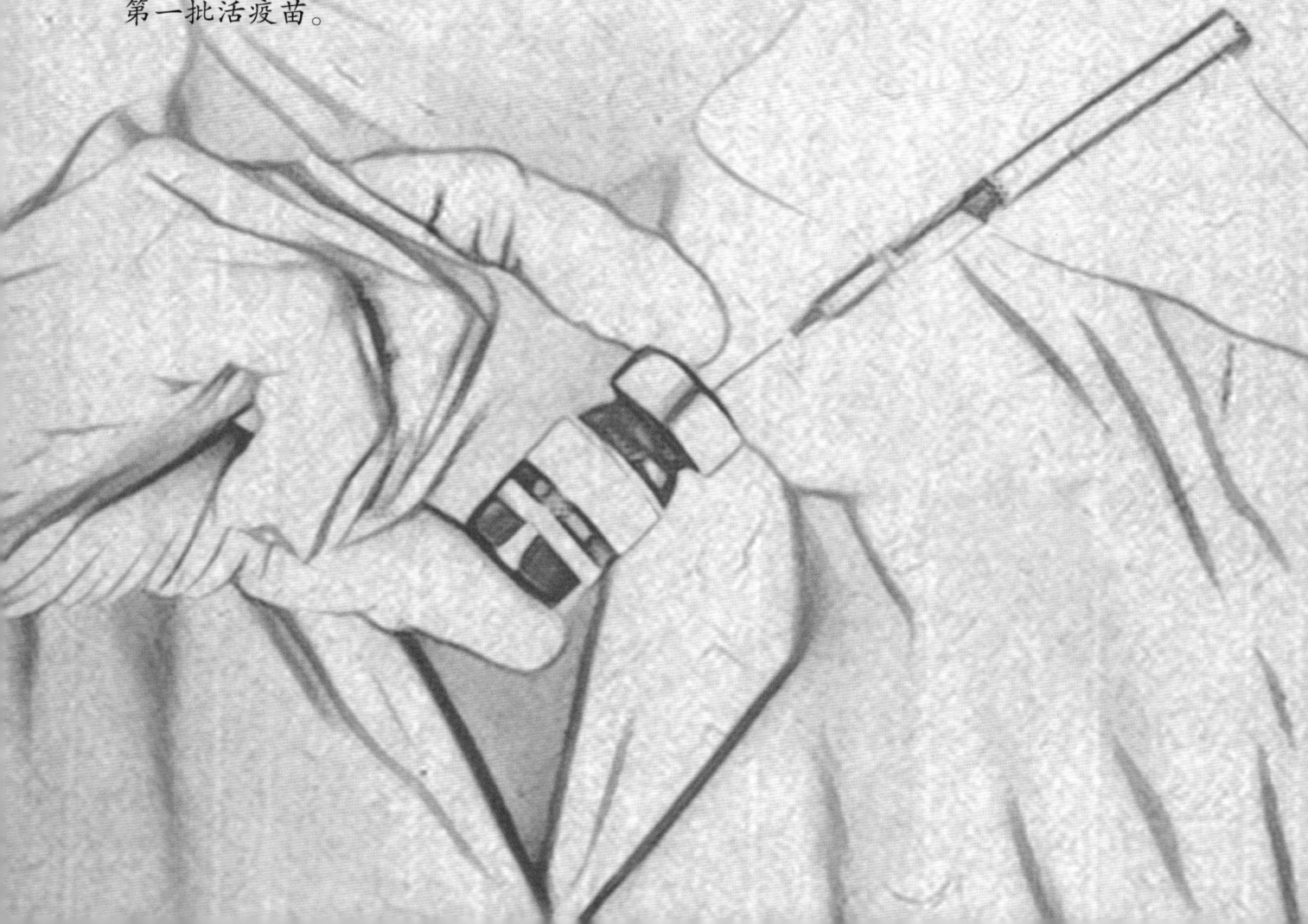

消灭小儿麻痹症——顾方舟 | 37

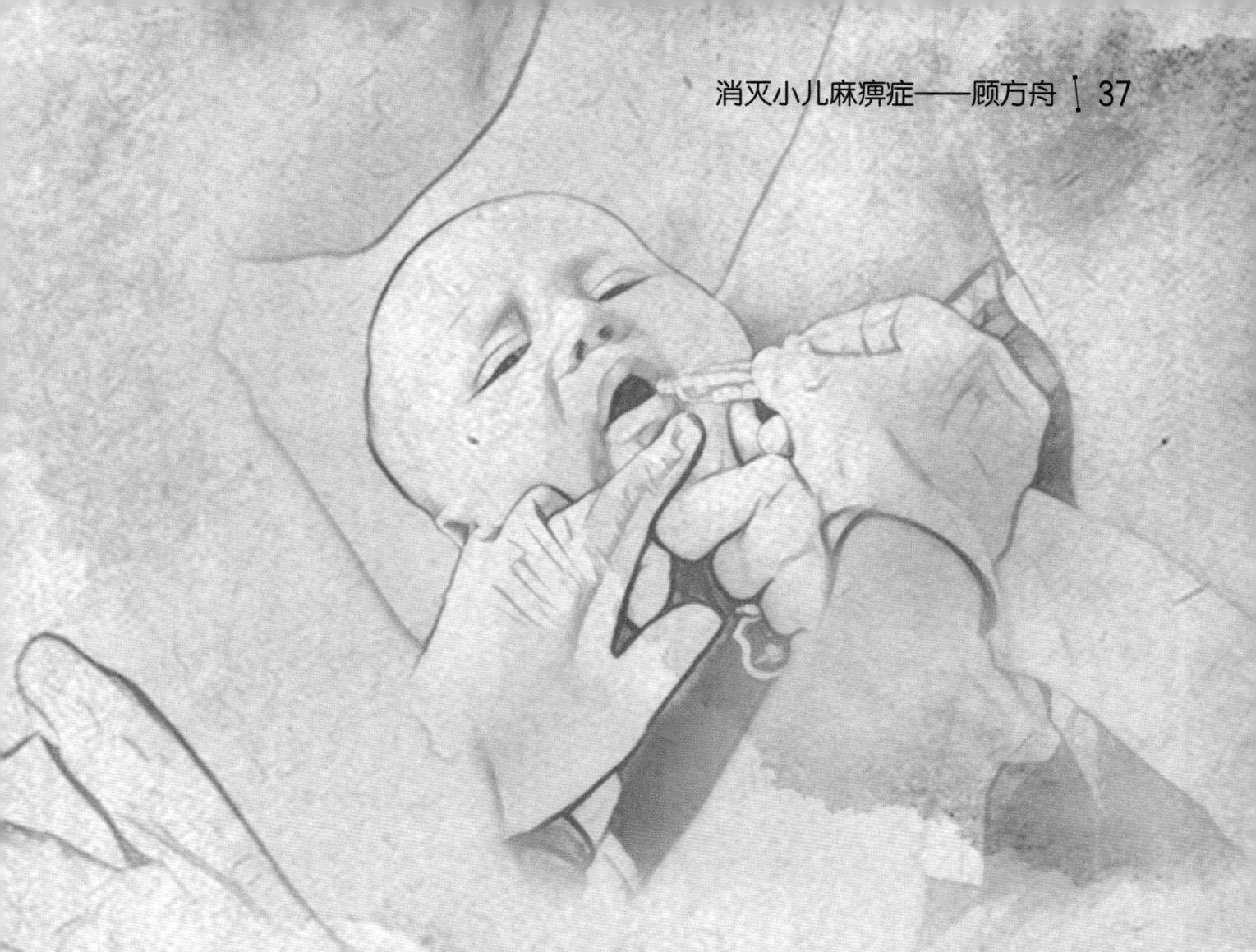

　　为了验证疫苗的安全性。顾方舟和同事们先用自己做试验。他冒着瘫痪的危险喝下了一瓶疫苗溶液，经过1周的观察，没有出现任何不适。但这是针对儿童传染病的疫苗，还需要儿童试服。为了推进疫苗研发工作，作为组长的顾方舟瞒着妻子，冒着可能使孩子患上疾病甚至死亡的风险，让自己1岁的孩子试服疫苗。在顾方舟的感召下，几位同事也纷纷让自己的孩子参加试验。测试期过去了，孩子们安然无恙，试验成功了！全国的孩子有救了！

38 | 行医道 战病毒

中国消灭脊髓灰质炎证实报告签字仪式（前排左四为顾方舟）

一颗糖丸保神州

1960年,顾方舟和同事们从北京市来到云南省昆明市郊区。他们在人迹罕至的荒郊野岭中,克服重重困难,仅用9个月的时间就建成了昆明生物研究所,攻克了活疫苗研制生产的许多关键技术,迅速搭建起疫苗生产线,生产出450万人份的活疫苗。首批疫苗在北京市、上海市等11个城市推广后,疫情流行高峰被消减。

然而,疫苗试剂要低温保存才能保持活性,不方便偏远地区的运输和储存。顾方舟灵光一闪:干脆把疫苗做成糖丸!不仅孩子爱吃,还能有效延长活疫苗的保存期。随着大量价廉又安全的"糖丸"迅速覆盖全国,我国的脊髓灰质炎被彻底消灭。

2000年,顾方舟作为代表,在"中国消灭脊髓灰质炎证实报告签字仪式"上签下了自己的名字;世界卫生组织宣布,中国成为无脊髓灰质炎的国家。这让年已74岁的顾方舟无限感慨:"我可以告诉老百姓,你们的孩子再也不会得这个病了。我完成了使命,这是我的希望,除此之外,我别无所求。"

(本文作者:张 沁)

侯云德（1929— ）
医学病毒学家
中国工程院院士
2017年国家最高科学技术奖获得者

挑战病毒护苍生
——侯云德

他提出了突发性传染病的集成防控体系的思想，他为中国的传染病防控编织了巨网，他为中国生物技术发展谋篇布局，他在病毒学研究上卓有建树。他就是医学病毒学家侯云德。

42 | 行医道 战病毒

捉拿"仙台病毒"显身手

1929年,侯云德出生于江苏省武进县(今常州市武进区)。1945年,侯云德考入当时全国有名的省立常州中学,每学期都因成绩优秀获得学校奖状。高中毕业时,他抱着治病救人的远大理想,选择了国立同济大学医学院。1956年,侯云德留学苏联,在苏联医学院伊凡诺伊夫斯基病毒学研究所攻读副博士学位,从事副流感病毒的研究。一到研究所,侯云德就遇上了"怪事"——动物房里的小白鼠一下子全死光了。侯云德通过对小白鼠的组织细胞培养比对,发现导致小白鼠死亡的原因是Ⅰ级副流感病毒("仙台病毒")。他顺藤摸瓜,论证得出在小白鼠之间流行的副流感病毒也会对人致病的结论,并成功从小白鼠细胞中分离出病毒,首次发现了"仙台病毒"在血清学上存在的两个型别。随着研究的深入,侯云德发现了仙台病毒可使单层细胞发生融合的现象,成为国际上最早发现细胞融合的科学家。

在苏联留学时的侯云德

鉴于侯云德对"仙台病毒"的突破性发现,苏联医学科学院组织了一次无记名专家组投票,大家一致认可侯云德在病毒学研究领域内的卓越贡献。苏联高等教育部第一次破例,越过副博士学位,直接授予他博士学位。

44 | 行医道 战病毒

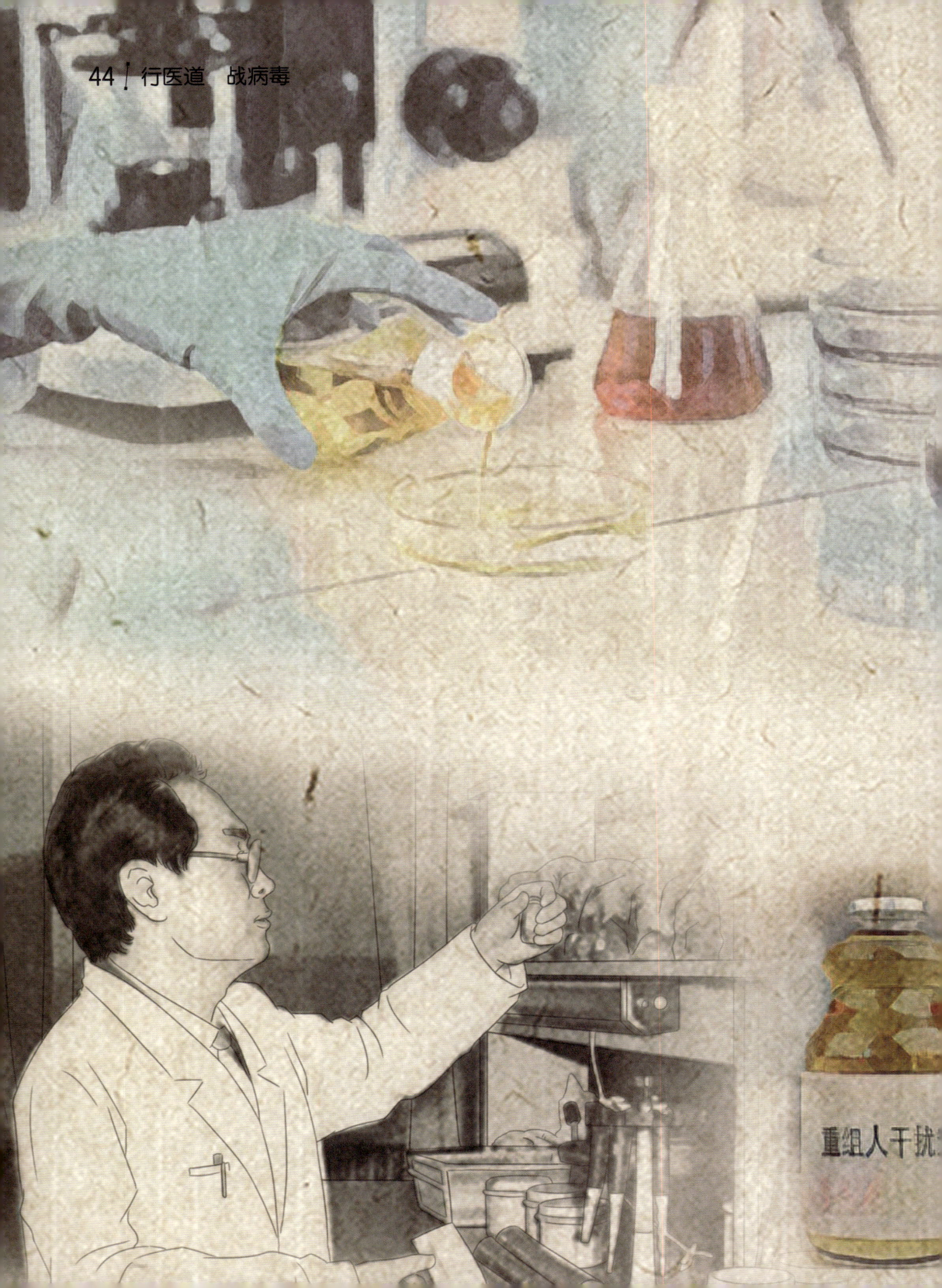

首制重组人干扰素补空白

20世纪七八十年代，国际上把干扰素药物作为治疗肝炎、肿瘤的首选药物。但是，8000毫升人血才能制备1毫克干扰素，价格昂贵，几乎不可能用于临床。那时，中国并不具备任何一种干扰素药物的研发能力，但侯云德毅然投身于制备干扰素的研究中。

1976年，侯云德找到了能诱生干扰素的高产病毒株和最佳诱生条件，并发现了人白细胞干扰素。1977年，他采用国际上先进的基因工程技术，将干扰素基因成功导入细菌而实现快速繁衍。这相当于在一座"工厂"中生产干扰素，可大幅提高干扰素的产量，并降低药品的价格。侯云德的团队又经历了重重困难，终于从人血白细胞中成功制取了可用于临床的干扰素制剂——重组人α1b型干扰素。

1990年侯云德在实验室指导学生实验

1982年，侯云德首次克隆出具有我国自主知识产权、中国人抗病毒反应优势的人α1b型干扰素基因，成功研发出国际上独创的国家Ⅰ类新药——重组α1b型干扰素。因此，侯云德也被誉为"中国干扰素之父"。

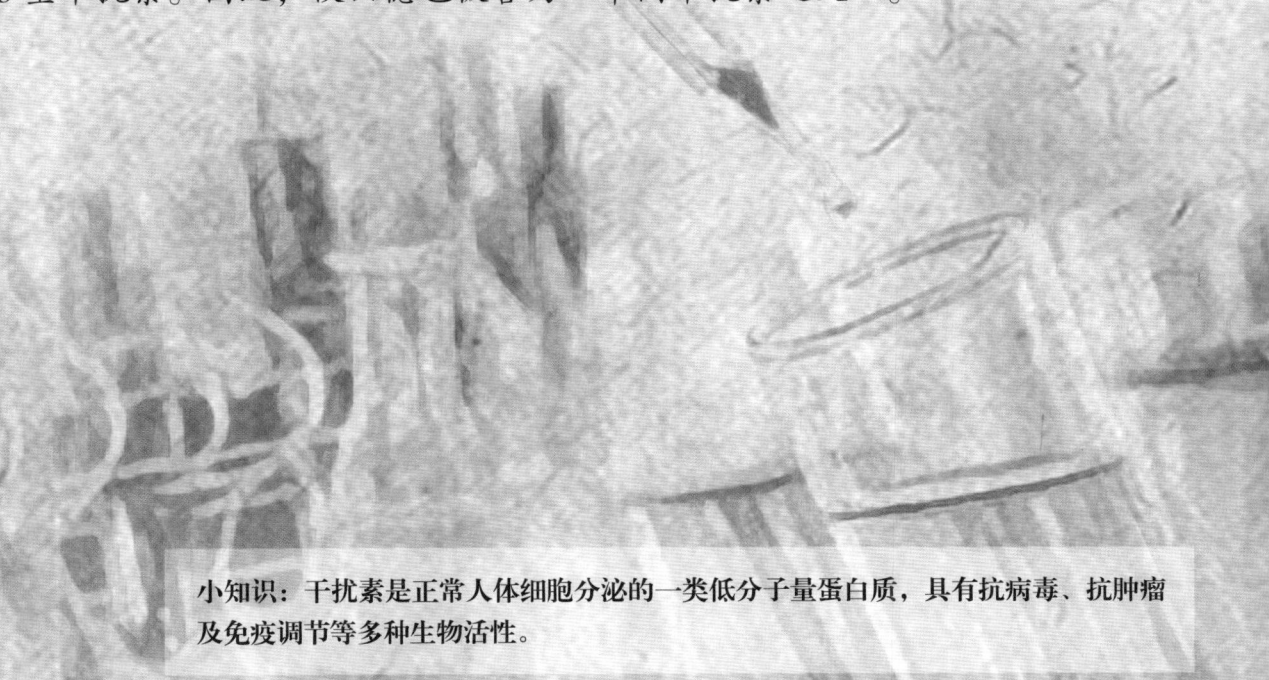

小知识：干扰素是正常人体细胞分泌的一类低分子量蛋白质，具有抗病毒、抗肿瘤及免疫调节等多种生物活性。

46 | 行医道　战病毒

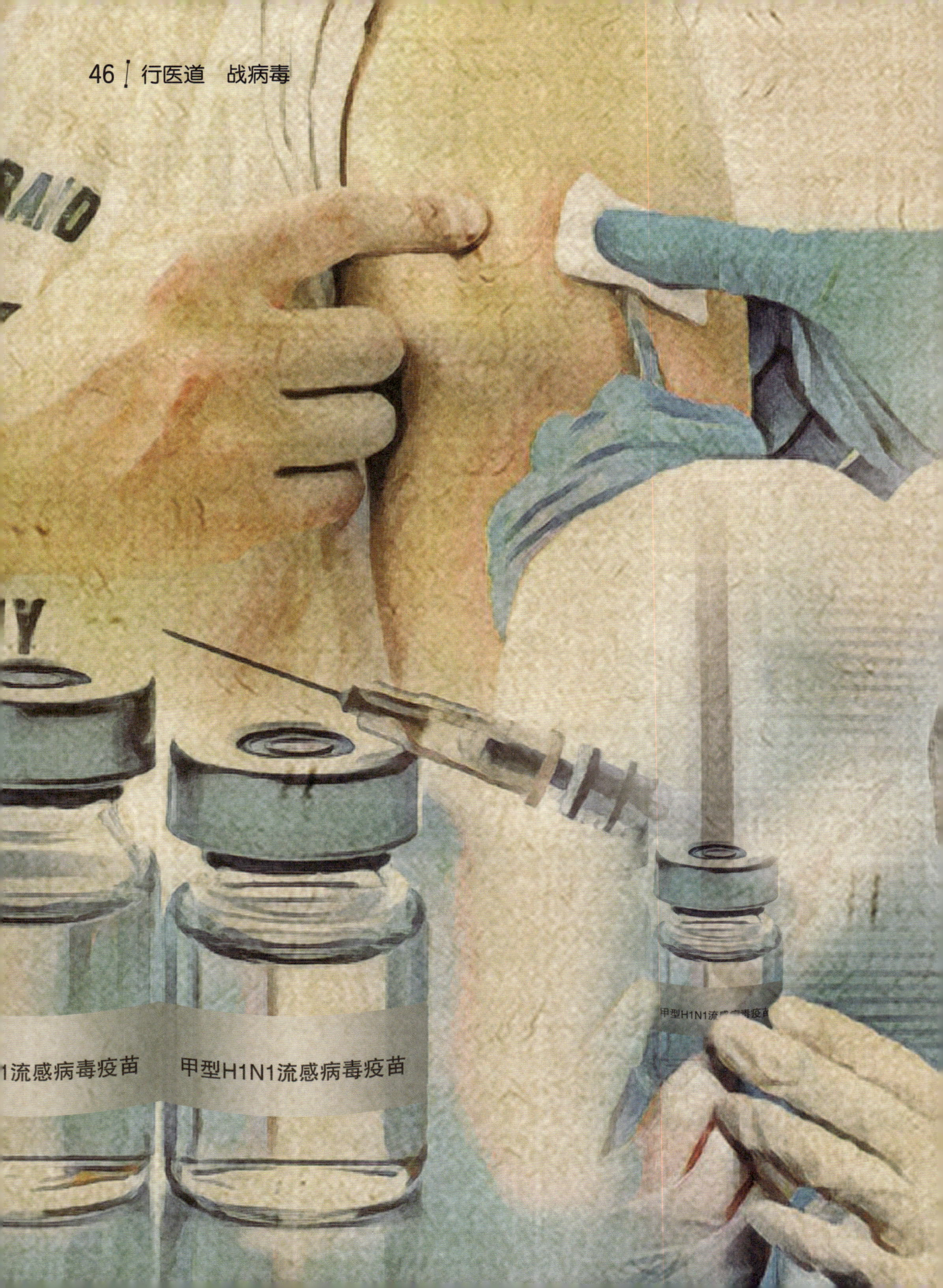

甲型H1N1流感病毒疫苗　　甲型H1N1流感病毒疫苗

阻断甲型流感疫情只一针

2009年，全球突发甲型H1N1流感疫情，疫情来势汹汹，世界卫生组织将警戒水平提升至最高级别。全球的科学家都在与病毒"赛跑"，早一天研制出疫苗，便能挽救数以万计的生命。侯云德担任中国联防联控机制专家组组长，针对防控中的关键科技问题，开展多学科协同研究。他们只花了87天，就率先研制出疫苗，并在该病大暴发前使用，实现了人类历史上首次对流感大流行的成功干预。

当时，在接种甲型流感疫苗究竟是打一针、还是打两针的问题上，世界卫生组织的建议是两针。但是侯云德依据长期积累的经验，结合疫苗的抗体反应曲线和我国当时的疫苗生产能力和注射能力，果断地决定："新甲流疫苗，打一针就够！"后来的事实证明，一次接种预防甲型流感保护效果就达到87.3%，是可行的。"打一针"的策略成功干预了甲型H1N1病毒在我国的传播。据评估，我国甲型流感的应对措施大幅降低了我国的发病率与病死率，减少2.5亿人发病和7万人住院；病死率不足国际上的1/5。

侯云德在病毒基因工程
国家重点实验室

好药让百姓用得起

在自主研发第一支干扰素后的10年里,侯云德带领团队利用基因工程技术先后研制出8种基因药物。然而,"心急"的侯云德并不满足,他指着抽屉里满满的干扰素论文感慨道:"咱们国家现在还缺医少药,好药靠进口,这些论文要是能赶紧变成药让老百姓用上,那该多好啊!"

1992年,为了加快从技术到产品的转化,侯云德主持新药研发,设计和建成我国第一个基因工程干扰素生产线,首次实现了基因工程药物的大规模生产。这个具有我国自主知识产权的重组人干扰素α1b——商品名是运德素,已经成功治疗了上千万名慢性乙型肝炎患者和儿童呼吸道病毒性疾病患者,对丙型肝炎、毛细胞性白血病、慢性宫颈炎、疱疹性角膜炎等也有明显的疗效。与国外同类产品相比,不良反应少,治疗病种多。2020年年初,α-干扰素喷雾剂被《新型冠状病毒感染肺炎诊疗方案》推荐为抗新型冠状病毒治疗的试用药物。这些都实现了老科学家为民造福的心愿。侯云德自豪地说道:"尽管和国外同类成果相比,我们晚了一点,但我们研制的干扰素……更适应国人体质,同时不良反应更少、治疗病种更多。"

(本文作者:王婧媛)

屠呦呦（1930— ）
药学家
2015 年诺贝尔生理学或医学奖获得者
2016 年国家最高科学技术奖获得者
2019 年共和国勋章获得者

一株青蒿救众生
——屠呦呦

　　她历经千百次筛选，终于确定了青蒿的疗效并从中提取出青蒿素，制成治疗烈性传染病疟疾的新药，救治了全球20多亿人，挽救了数百万人的生命。她就是获得诺贝尔生理学或医学奖的第一位中国科学家屠呦呦。

行医道　战病毒

20世纪50年代屠呦呦与老师楼之岑在实验室

从小萌生中药情

1930年12月30日，屠呦呦出生于浙江省宁波市。开堂坐诊的父亲依照"女诗经，男楚辞"的传统，翻阅《诗经》，给她取名呦呦。

屠家虽然不大，但是楼顶专门开辟了小阁楼存放书籍。这块小天地也是屠呦呦小时候最喜欢去的地方。中医药书籍图文并茂，尤其是其中的小插图，让屠呦呦受到了药学的启蒙。在这样的环境下，屠呦呦慢慢长大，她开始跑下楼来给父亲做帮手。当看到前来求医问药的患者喝下父亲煎熬的汤药后病痛逐渐缓解时，屠呦呦对中草药产生了浓厚的兴趣。

中学时期的屠呦呦

1951年夏，屠呦呦考取了北京大学医学院药学系。升入大学4年级分专业时，她选择了生药学。屠呦呦说："药物是治疗疾病的主要手段。我认为只有生药学专业，才最可能系统地探索中医药领域。"屠呦呦似乎就是为做学术而生，在图书馆的角落，总能看到那个熟悉的身影，一边读书，一边思索。生药学就是她的全部。

勇担使命寻新药

20世纪60年代,在美越战争中,两军作战的丛林深处蚊子众多,很多士兵感染了疟疾,导致部队大量减员。美国成立专门机构组织研究,筛选了21.4万种化合物,仍然没有找到理想的抗疟疾药。越南则向中国请求援助。1967年5月23—30日,中国相关部门召开全国协作会议,决定开展"523"项目,组织全国几十家单位共同攻关,寻找抗疟疾新药。

1969年1月,中国中医研究院(今中国中医科学院)中药研究所接受抗疟药研究任务,屠呦呦担任中医中药专业组组长。她从系统收集整理历代医书、本草、民间方药入手,并在所收集的2000余种方药基础上,编写了以640种药物为主的《疟疾单秘验方集》。1971年,屠呦呦等人初步筛选100多种中草药单方、复方,但试验结果显示,青蒿的水煎剂无效,95%乙醇提取物的效价只有30%—40%。

屠呦呦想起《肘后备急方》中关于治疗疟疾药方的记载:"青蒿一握,以水一升渍,绞取汁,尽服之。"受此启发,屠呦呦想到高温煮沸可能会破坏青蒿有

效成分的生物活性，于是改用乙醚提取，结果发现这种乙醚提取物的效价超过了95%。进一步提取，屠呦呦等人去除提取物中无效的酸性部分，得到最有效的中性部分。

1972年，屠呦呦小组成员从青蒿的乙醚提取物中进一步分离得到了抗疟有效单体，并命名为青蒿素Ⅱ。

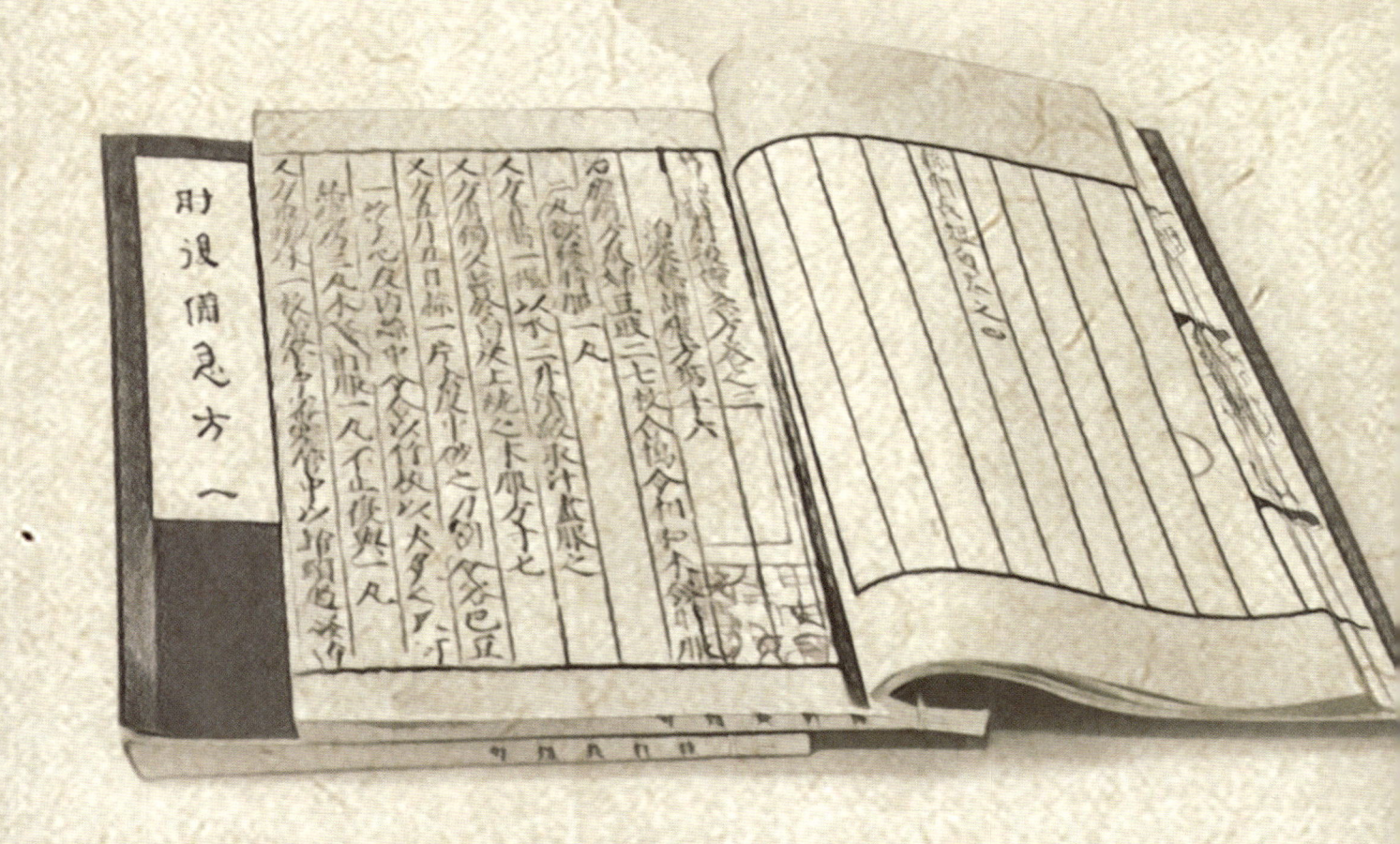

以身试药大无畏

屠呦呦在实验室工作

1971年，青蒿的乙醚提取物中性部分成功获得之后，药物的动物试验也取得了成功。

为了让药物尽快用于临床，中药研究所在重复毒性试验的同时，决定开展人体试服。人体试服，那可是一件风险极大的事情。作为研究组核心成员的屠呦呦，和组里的郎林福、岳凤仙3人自告奋勇地站了出来，主动接受了人体试服。亲自试药的行为，对一个生药学领域的专家来说，意味着对自己研究的药物的信任。当时的屠呦呦并没有想那么多，只想第一个知道提取物到底是否有效。试验结果显示，健康人体试服后没有明显的不良反应。

1972年8月开始，屠呦呦带着提取出来的药物到海南岛昌江地区进行临床验证，后又在解放军第302医院（现解放军总医院第五医学中心）进行了部分病例的验证。所有结果都表明青蒿的乙醚提取物中性部分对疟疾包括恶性疟疾的治疗是有效的。目前，青蒿素类抗疟药组成复方或联合用药已在全球疟疾流行地区广泛使用。据不完全统计，这些中国发明的药物已在世界范围内救治了20多亿人，挽救了数百万人的生命。

屠呦呦在实验室做实验

58 | 行医道 战病毒

屠呦呦教授获得 2015 年度
诺贝尔生理学或医学奖

青蒿研究无止境

青蒿素是一种具有高效、速效、低毒优点的新型抗疟药，对各种类型的疟疾，尤其是抗药性疟疾都有效果，但是它也有不足之处，即"复燃率"很高，而且只能口服。

1985年，屠呦呦等人协作开始了另一种青蒿素类单药——双氢青蒿素及片剂的开发研究工作，1992年取得成功，并被评为当年"全国十大科技成就"。双氢青蒿素的治疗效果是青蒿素的10倍。此时的屠呦呦已经62岁。2009年，屠呦呦编著的《青蒿及青蒿素类药物》一书出版，此时她已经79岁。

2015年荣获诺贝尔生理学或医学奖之后，这位年近90岁的科学家，没有停下攀登的脚步。为了解决青蒿素抗药性的问题，她带领科研团队在抗疟性能研究、抗药性成因、变动疗法等方面不断取得新突破，并提出了新的治疗应对方案：一是适当延长用药时间；二是更换青蒿素联合疗法中已产生抗药性的辅助药物，从而使疗效立竿见影。屠呦呦团队还研究发现，双氢青蒿素对治疗具有高变异性的红斑狼疮效果独特，这扩大了青蒿素的适应证。

屠呦呦领取2015年度诺贝尔生理学或医学奖

小知识：复燃是指患者症状有效改善或已经痊愈，但尚未达到康复的标准之前，症状又发生恶化，或在治疗有效的6—9个月内，病情又加重。

(本文作者：韦中燊)

钟南山（1936— ）
呼吸病学学家
中国工程院院士
2020年共和国勋章获得者

求真求实的大医生
——钟南山

2003年，SARS疫情来势汹汹。他敢讲真话，否定错误判断，为抗击SARS疫情找准了方向。2020年，新冠肺炎疫情暴发，面对复杂的情形，他再次做出正确的判断。他就是"人民英雄"钟南山。

为自行车而发奋

钟南山兄妹与父母合影

1936年，钟南山出生于江苏省南京市。小学时的钟南山很顽皮，经常逃学。读四年级时，钟南山看到别的孩子有自行车，非常羡慕。母亲看出他的心思，就对他说，如果能考上岭南大学附属中学，就奖励一辆自行车。这一激励果然起到了作用，钟南山开始发奋用功了。

小学毕业时，学校没有举行毕业考试，只是根据平时的成绩发了一份成绩单，钟南山的成绩排第2名，如愿进入了岭南大学附属中学。那时是中华人民共和国成立初期，家里生活比较困难，但母亲还是如约给他买了一辆自行车。这也给钟南山留下了深刻的印象，并经常自勉："只要你答应的事，就一定要做到。"

钟南山（左一）和他的自行车

一根鱼刺的教训

1955年,钟南山如愿考入北京医学院(今北京大学医学部)。1960年,钟南山毕业后留在医学院任教,远离临床工作。但他从未忘记治病救人的初心。

1971年,他来到广东省进入广州市第四人民医院,如愿以偿地成为一名临床医生。最初,由于缺乏经验,他也误诊过。一天,急诊室收治了一名不停咯血的患者,钟南山结合病历上的结核病史记录,初步诊断为肺结核,给患者用了一些止血药。第二天早上,急诊科主任打来电话说,患者不是咯血,而是呕血。此时患者的状况已极其危险。钟南山也十分紧张,赶紧和外科大夫一起把患者推到手术室进行手术,看到一根鱼刺正好扎在患者的胃小动脉上,还在汩汩流血。

这件事给钟南山留下了深刻的印象。他下定决心提高自己的医疗水平,废寝忘食地学习研究。

年轻时的钟南山

年轻时的钟南山

SARS 前沿打硬仗

2002年年底，一种奇怪的肺炎迅速扩散，使用各种抗生素毫不见效，甚至有医护人员被感染，恐慌的情绪四处蔓延。钟南山预感，这是一种人类历史上从未见过的传染病（后来被确定为"严重急性呼吸综合征"，简称SARS）。如抢救不及时，患者会死于呼吸衰竭或多脏器衰竭。

钟南山主动向广东省卫生厅领导表示："把重症患者都送到我这里来吧！"其时，钟南山已67岁。患者送来后，他亲自检查，带领攻关小组试了数不清的方案，终于找到了一套行之有效的救治方法。两位生命垂危的患者用该方法抢救，出现了奇迹。世界卫生组织认为，这些方法对治疗有一定意义，因此成为后来通用的救治方案之一。

钟南山还在临床实践中摸索总结出"三早三合理"的经验，即早诊断、早隔离、早治疗和合理使用皮质激素、合理使用呼吸机、合理治疗并发症。这一经验成为抗击SARS疫情成功的关键。

对致病原因，钟南山始终坚持自己的看法，不认为是衣原体。2003年4月12日，钟南山牵头的联合攻关组宣布，冠状病毒的一个变种可能是这种肺炎的真正致病原因。4天后，这一结果得到世界卫生组织的正式确认。钟南山说："你做的实践出来有效，就要相信。为什么非要去看书呢？书上没有说，权威说的也不一定对。"

求真求实的大医生——钟南山 | 67

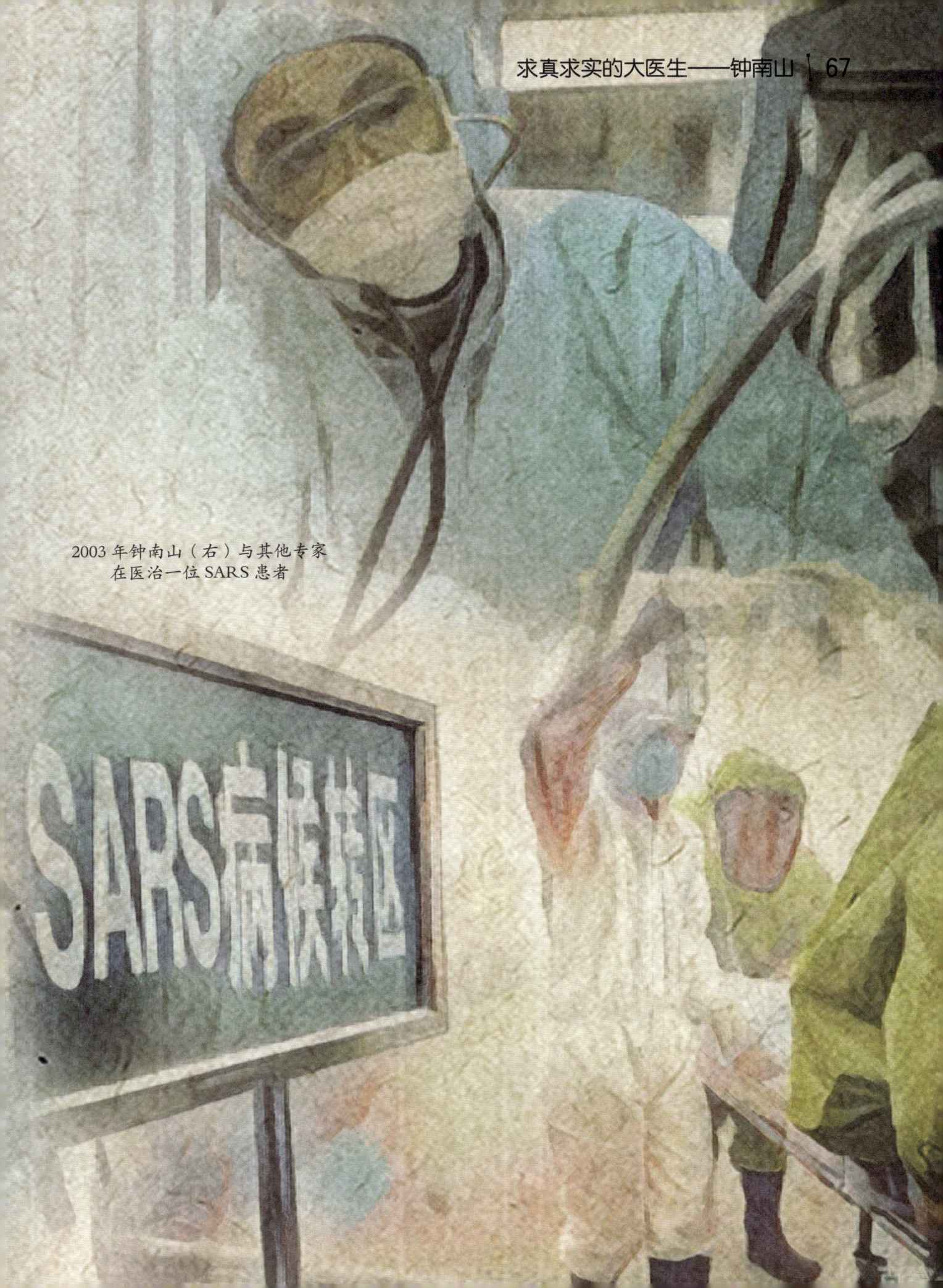

2003年钟南山（右）与其他专家在医治一位SARS患者

八十四岁再出征

2020年1月18日,八十四岁的钟南山接到紧急通知,立刻赶往湖北省武汉市查明新冠肺炎疫情。时值一年一度的春运,无论是飞机票还是火车票,都是一票难求。当天去武汉的机票已售完,火车票也非常紧张。颇费周折,买了一张二等无座票,钟南山才挤上了傍晚5点多从广州南站开往武汉的高铁。走得非常匆忙,他甚至没有准备羽绒服,只穿了一件咖啡色格子西装。没有座位,他被安排在餐车的一角。坐在餐车里,钟南山已是满脸倦容,眉头紧锁,闭目养神,面前是一摞翻看过的文件。

2020年1月20日晚,钟南山在接受"央视新闻1+1"采访时解读备受关注的武汉市新冠病毒防治情况,指出目前确定存在人传人的现象,并呼吁大家提高警惕。他提醒,从个人预防的角度,戴医用外科口罩是有用的。"没什么特殊情况,不要去武汉。"这一结论拉响了中国疫情防控的警报。在提醒公众的同时,钟南山却选择了逆行。

自挂帅出征以来,钟南山始终冲在前线,如铁人般拼命。4天内奔走武汉市、北京市、广州市三地,长时间科研、开会、远程会诊、接受媒体采访,甚至在飞机上研究治疗方案……夫人劝不住,因为钟南山太在乎自己的患者了。

2020年1月30日钟南山在飞机上工作

求真求实的大医生——钟南山 | 69

钟南山在武汉市调研疫情

(本文作者:申 浩)

张伯礼（1948—　　）
中国工程院院士
中医内科专家
2020年"人民英雄"国家荣誉称号获得者

扛起中医药的大旗
——张伯礼

新型冠状病毒肺炎疫情期间，他率领"中医国家队"进驻湖北省武汉市江夏区大花山方舱医院，成为疫情防控的重要力量。他就是立志将毕生献给中医药现代化的"人民英雄"张伯礼。

见证神奇　改学中医

　　1948年，张伯礼出生于天津市。20世纪60年代末，正值青春年华的张伯礼来到天津市大港区的医疗队。当时，医疗队缺医少药的情况十分严重，作为西医医生的他十分发愁。1969年冬天下了场大雪，每走一步都能踩出个长筒靴一样深的坑。一天，一个20多岁的小伙子突发急性肠梗阻，需要送到20千米以外的医院去救治，拖拉机在那么深的雪地里根本无法前行。情急之下，老中医开了一剂大承气汤的方子，煮了药给患者喝。不到1个小时，患者的腹痛消失了，肠梗阻症状好转了。这神奇的效果让张伯礼对中医药很好奇，于是开始跟着队里的中医学习。

　　中医药学知识体系复杂，张伯礼废寝忘食地学了2年，但因为缺乏系统的学习，总觉得"差点什么"。直到1977年，国家恢复高考，张伯礼考上了天津中医学院，才有机会正式系统地学习中医药。

扛起中医药的大旗——张伯礼 | 73

天津中医学院

追根溯源　揪住"真凶"

　　1997年，天津市某企业为日本一家公司加工一种中药复方制剂，在日本销售之后发生了部分患者肾损伤的情况，引发了一场国际纠纷。天津中医学院受委托对药物进行科学分析，发现里面有一种叫作"关木通"的中药，其中的马兜铃酸成分是导致肾损伤的"罪魁祸首"。

　　这种中药复方制剂的药方来自古医书，是老祖宗使用了千百年，经历过重重验证的药方。为什么老祖宗的验方会出问题呢？带着这样的疑问，张伯礼等人在研究关木通致病机理的同时，又认真地查阅了各种文献。最终，张伯礼等人发现在民国以前的古书中，药方里面记载的都是"白木通"或"木通"，并不是现在使用的"关木通"。

　　进一步追根溯源之后，张伯礼等人发现原来从20世纪30年代开始，关东地区出产的关木通才陆续进入关内，到了70年代的时候逐步在全国普及开来，正好赶上那个时候白木通的货源短缺，关木通就被替换了进来。但是，严格地说，这两种东西差别是很大的。别看名字只差一个字，关木通里含有马兜铃酸，而白木通里却不含，是安全的。

　　张伯礼通过这件事情得到一个启发，那就是要讲科学、重视科学精神。

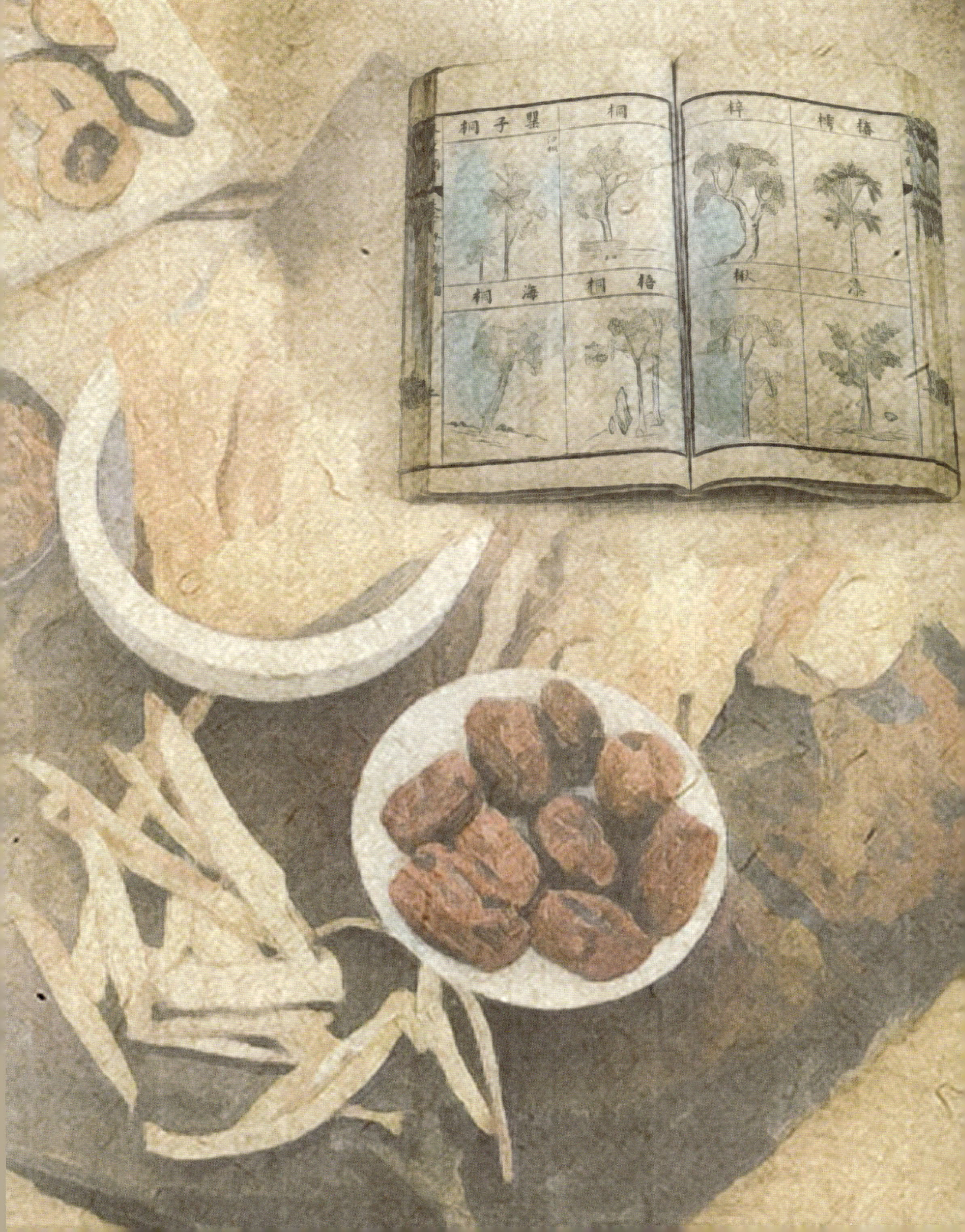

逆行涉险，肝胆相照

张伯礼在指导新冠肺炎患者救治

2020年1月27日，农历大年初三，正在天津市指导疫情防控工作的张伯礼被疫情防控工作中央指导组急召飞赴湖北省武汉市。一方面，他组织开展病区里的症候调查，在很短时间内得到近千例患者病情信息，经后方数据处理分析得出"湿毒疫"诊断，并总结了兼夹或风或寒或燥或热的发病特点；另一方面，他指挥中药组分库筛选有效抑制新冠病毒的中药组分群，然后又迅速展开实验，很快发现虎杖和马鞭草这两味药与对症的经典方，配制出了宣肺败毒汤。宣肺败毒方后来成为国家卫生健康委员会推荐的"三药三方"之一。后来的实践证明，中医药在抗击新冠肺炎疫情的战役中发挥了重要作用。

2月14日上午，张伯礼率领来自5个省的209名医护人员组成的"中医国家队"正式进驻武汉市江夏区大花山方舱医院，参与新冠肺炎的救治工作。张伯礼白天在隔离区查房，为患者把脉、查看舌苔，了解病情，晚上召开会议研究治疗方案，指导制订中医药治疗方案。

由于过度的劳累，张伯礼胆囊炎急性发作。2月19日凌晨，张伯礼接受了微创胆囊摘除手术。手术后第3天，他又投入了工作。对此，张伯礼幽默地说："把胆留在这儿，以后我和武汉就是'肝胆相照'了。"术后，张伯礼的双腿又出现血栓，必须卧床。医生说要至少休息两个星期。张伯礼急了，他说自己尽量听话，多给点药。最后，他住了一个星期就返回了江夏区大花山方舱医院。

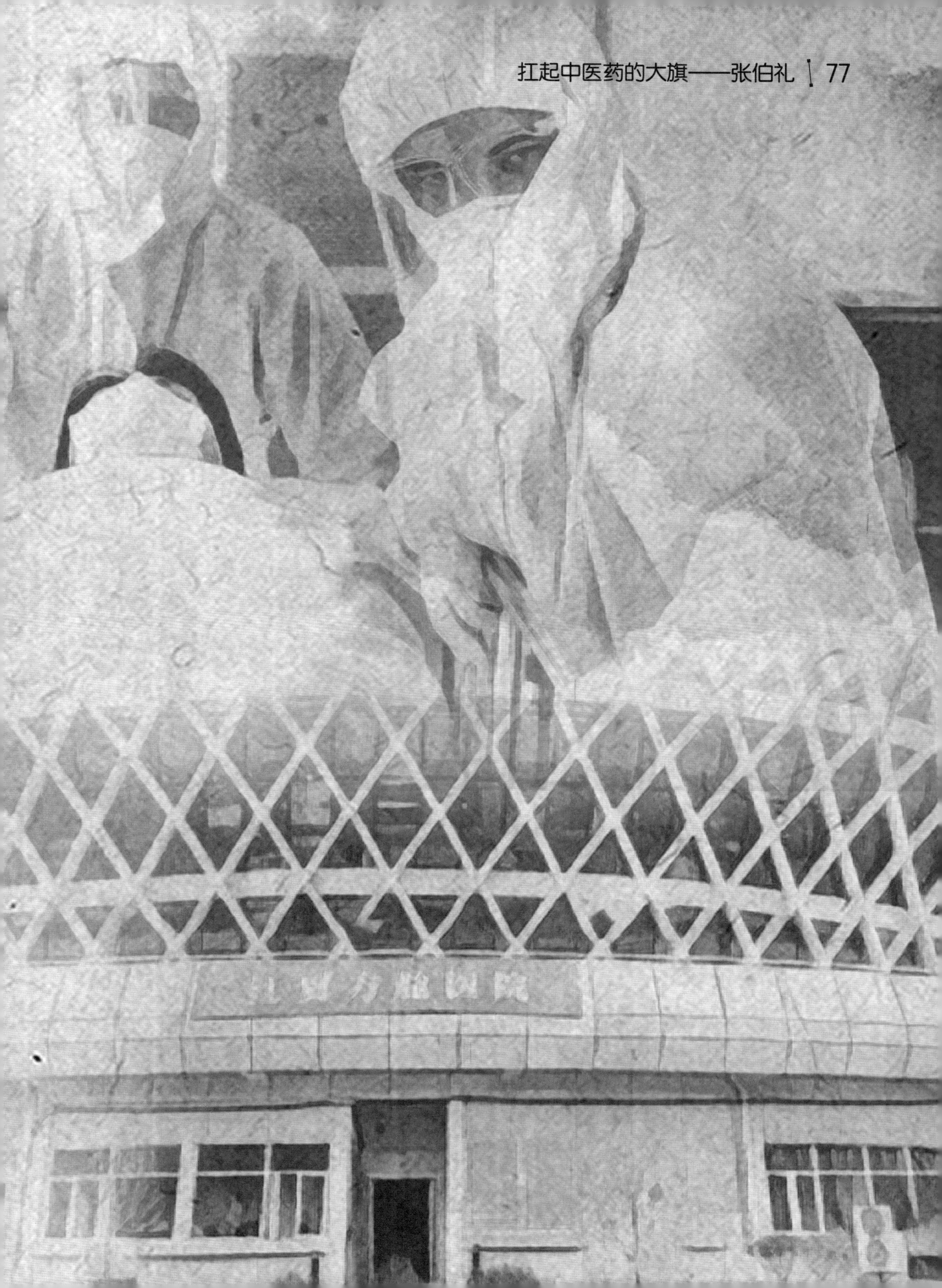

中医传承　肩负重任

张伯礼是天津中医学院的首届硕士研究生。求学过程中，老师们不讲条件、不计报酬、甘于奉献的精神感动了他。1982年毕业后，他决心留校，成为一名教师。面对教室里一张张渴望知识的面孔，他深感肩上责任重大。

在他看来，教师就是阶梯，可以让更多学生不断向上攀登。因此，他的课程一般都安排在晚上，既不耽误工作，也不影响学生的课程。晚上不吃晚餐是常事，有时身体吃不消，就吃几块巧克力，再喝上一杯热茶，然后继续讲课。

有人说，张伯礼很"神"，带出的学生个个出息。原因何在？每当有人这样问时，他总是笑笑说："培养中医生，一要敬业；二要有医德，大医精诚，服务患者；三要学会中医的辨证思维方式，辨证论治是一门高超的艺术；四要加强临床实践，倡导问疑精神……"就这样，这些年张伯礼先后培养了博士后、博士、硕士280余名，分布在五大洲和国内各地，他们多数已成为中医药界的骨干。

扛起中医药的大旗——张伯礼 | 79

（本文作者：韦中燊）

张定宇（1963— ）
医学博士
2020年"人民英雄"国家荣誉称号获得者

坚守在"风暴之眼"
——张定宇

  一位渐冻症患者2020年年初奋战在处在"风暴之眼"的湖北省武汉市金银潭医院——中国"抗疫阻击战最早打响的地方",组建隔离病区、采样检测、动员遗体捐献、推动尸检,为了解病毒、救治患者创造了条件。他就是"人民英雄"张定宇。

行医道　战病毒

为了妈妈走上学医之路

1963年12月，张定宇出生于湖北省武汉市汉正街。张定宇读小学的时候，妈妈的身体非常不好，经常咯血，饱受病痛的折磨。所以，爸爸特别希望张定宇长大以后能成为一名医生，因为这样他就能够更好地照顾妈妈、照顾家人。这是张定宇走上学医道路的原始动力。1981年，他考入华中科技大学同济医学院。

1983年的夏天，张定宇就要开始读大三的时候，哥哥因为尿毒症突然去世。看着那么鲜活的生命在自己面前消失，张定宇受到了深深的冲击，让他产生了对生命的敬畏。他清楚地记得哥哥临终之前对他的叮嘱："照顾好妈妈！"

"照顾好妈妈！"这句话让张定宇更加坚定了学医的初心。对生命的敬畏也让他坚定地把医生这个职业坚持做下去，即便是在自身患上了渐冻症这种疾病的情况下，也不言放弃！

"无国界医生"的世界大爱

张定宇热爱自己的工作，他的身影遍及中国乃至全世界最需要医务工作者的地方。2010年，张定宇向"无国界医生"组织递交申请，在经过重重考核之后成为湖北省第一位"无国界医生"。张定宇是麻醉师，被派往巴基斯坦西北边境的蒂默加拉医院从事麻醉工作。当时，他和同事穿着民族服装，每天早晨坐车去医院工作。

那里时有武装冲突，不断有平民死伤，不少人流离失所。2011年1月的一个早上，一名警察被炸伤，危在旦夕，张定宇先在他的咽喉做局部麻醉，再插管让他呼吸顺畅，在截肢之后，他的命最终保住了。除夕夜，产科手术一台接着一台，他的麻醉工作也要随之一次次迅速完成。这些经历使他领悟到，一名医生要学会应对所有情况。在"紧急情况下，医疗救助可能'无章可循'，要权衡利弊轻重，做出对患者伤害最小的决定"。

在3个月的"无国界医生"经历中，张定宇体会到紧急援助就是在"抢时间"。这个意识在张定宇回国后的工作中，尤其在抗击突发疫情中发挥了重大的作用。

小知识："无国界医生"组织是国际医疗人道救援组织，为因武装冲突、流行病和自然灾害等无法就医的人提供医疗援助，成员为来自全球的优秀医生和专家。

坚守在"风暴之眼" ——张定宇 | 85

坚守抗击新冠病毒疫情前线

张定宇在院内检查工作

2019年12月29日,湖北省唯一一家传染病定点医院——武汉市金银潭医院里转入一批不明原因肺炎患者,引起了院长张定宇的警惕。为了尽快查明病因,张定宇果断采用了肺泡灌洗的方法,及时采集到了患者肺部深处的样本,为后来成功分离出病毒颗粒、发现和确认新冠病毒争取了宝贵时间。随后几天,不明原因肺炎患者越来越多,张定宇意识到情况的严重性,迅速向全院发出预警,同时紧急调动院内外人力物力,日夜苦战,用最快速度将全院21个病区全部改造完毕,为迎接疫情大战做好了准备。在各方支援到来前,张定宇领着全院干部职工在一线撑了近一个月。那段时间,他每天睡眠时间不足3小时。

在疫情初期,唯有通过遗体解剖才能最快地掌握和判断病毒传染性和致病性的规律。张定宇总是耐心地与患者家属沟通,希望对方同意对逝者尸体进行解剖。终于,有家属同意了。由解剖获得的直接数据,给以后的临床治疗提供了有力依据。大部分患者康复后,体内都会产生一种特异性抗体。在缺乏疫苗和特效药物的情况下,张定宇奔走呼吁,不少新冠肺炎康复患者捐献了血浆,其中包括他的妻子。很快,在国家卫生健康委员会印发的《新型冠状病毒肺炎诊疗方案(试行第六版)》中,增加了"康复者血浆治疗"一项。

中共党员、院长、医生是张定宇的三重身份。张定宇说:"无论哪个身份,在这非常时期、危急时刻,都没理由退半步,必须坚决顶上去!"

坚守在"风暴之眼" ——张定宇

与病魔抗争　和时间赛跑

2018年10月，张定宇被诊断患有渐冻症，双腿肌肉开始萎缩。每天晚上，他都会因腿部抽筋带来的剧烈疼痛惊醒，得用体重压住。

如果没有疫情，同事们或许不会知道张定宇正在与渐冻症斗争。2021年1月28日在武汉市金银潭医院全体病区主任见面会上，张定宇第一次向大家公开了自己的病情。"我得了渐冻症，剩下的时间可能不多了。我必须跑得更快，才能从病毒手里抢回更多病人。我们要用自己的生命保卫武汉！拜托大家了！"他双手抱拳，深鞠一躬。直至此时，大家才明白张院长的性子为什么越来越急。

因为渐冻症张定宇抬起一条腿

在疫情初期，负责整个医院运转的张定宇，无疑是最忙碌、最劳心而又最坚定的那个人。张定宇每天的时间、工作都排得满满当当。从门诊到病房，张定宇脚步蹒跚，但是速度不减。

对此，张定宇说："不能延长生命的长度，但为什么不让生活更丰满呢？"

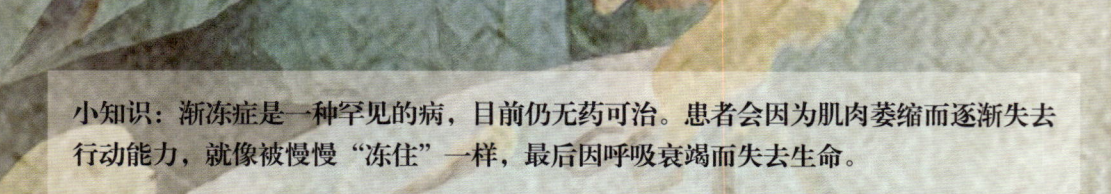

小知识：渐冻症是一种罕见的病，目前仍无药可治。患者会因为肌肉萎缩而逐渐失去行动能力，就像被慢慢"冻住"一样，最后因呼吸衰竭而失去生命。

坚守在"风暴之眼"——张定宇

(本文作者:刘树勇　韦中燊)

陈　薇（1966—　）
生物安全专家
中国工程院院士
2020年"人民英雄"国家荣誉称号获得者

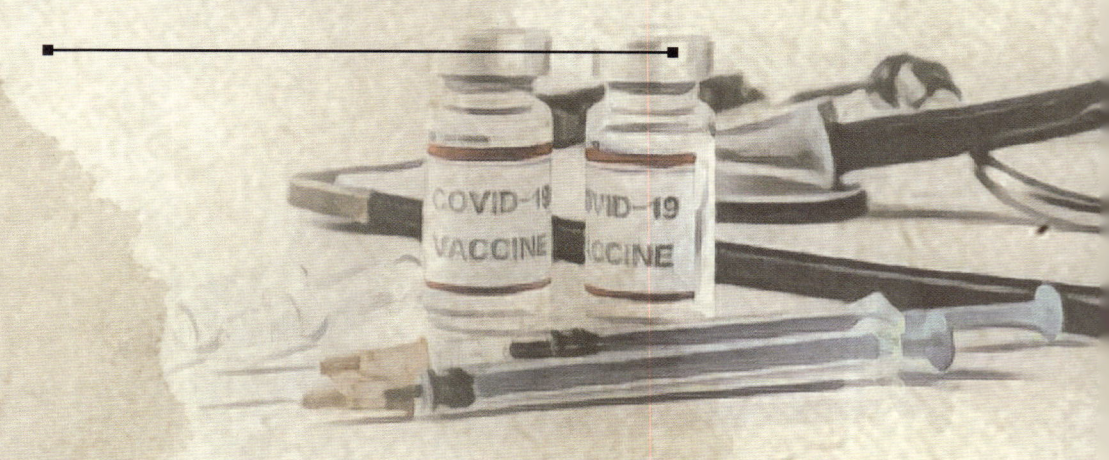

病毒战场上的"花木兰"
——陈薇

她曾是一位引人注目的清华大学"女神",却毅然投笔从戎;她与病毒作战,战果累累,还被称为"埃博拉病毒终结者";新冠病毒肆虐之时,她再次踏上征程,成功地研制出国产疫苗。她就是女将军陈薇。

92 | 行医道　战病毒

学霸也曾不善选

1966年，陈薇出生于浙江省金华市兰溪县（今兰溪市）。学生时代的陈薇聪明好学，成绩优秀，是老师和同学们眼中的"学霸"，但她从没想过成为女科学家。初中毕业时，跟当时大部分学习好的孩子一样，她打算选择到师范学校读书，这样就可以早早就业，成为一名光荣的小学人民教师。

就在人生选择的岔口上时，物理老师对她说："你学习成绩这么好，我相信你读了高中后，一定能考上一所好的大学。"就是这句话，让陈薇改变了读师范学校的计划。1984年，陈薇果然不负众望，以优异的成绩考入浙江大学，学习化工专业。1988年，即将毕业的陈薇获得了系里保送清华大学的唯一的资格，攻读生物化工专业硕士学位。

大学时期的陈薇

94 | 行医道 战病毒

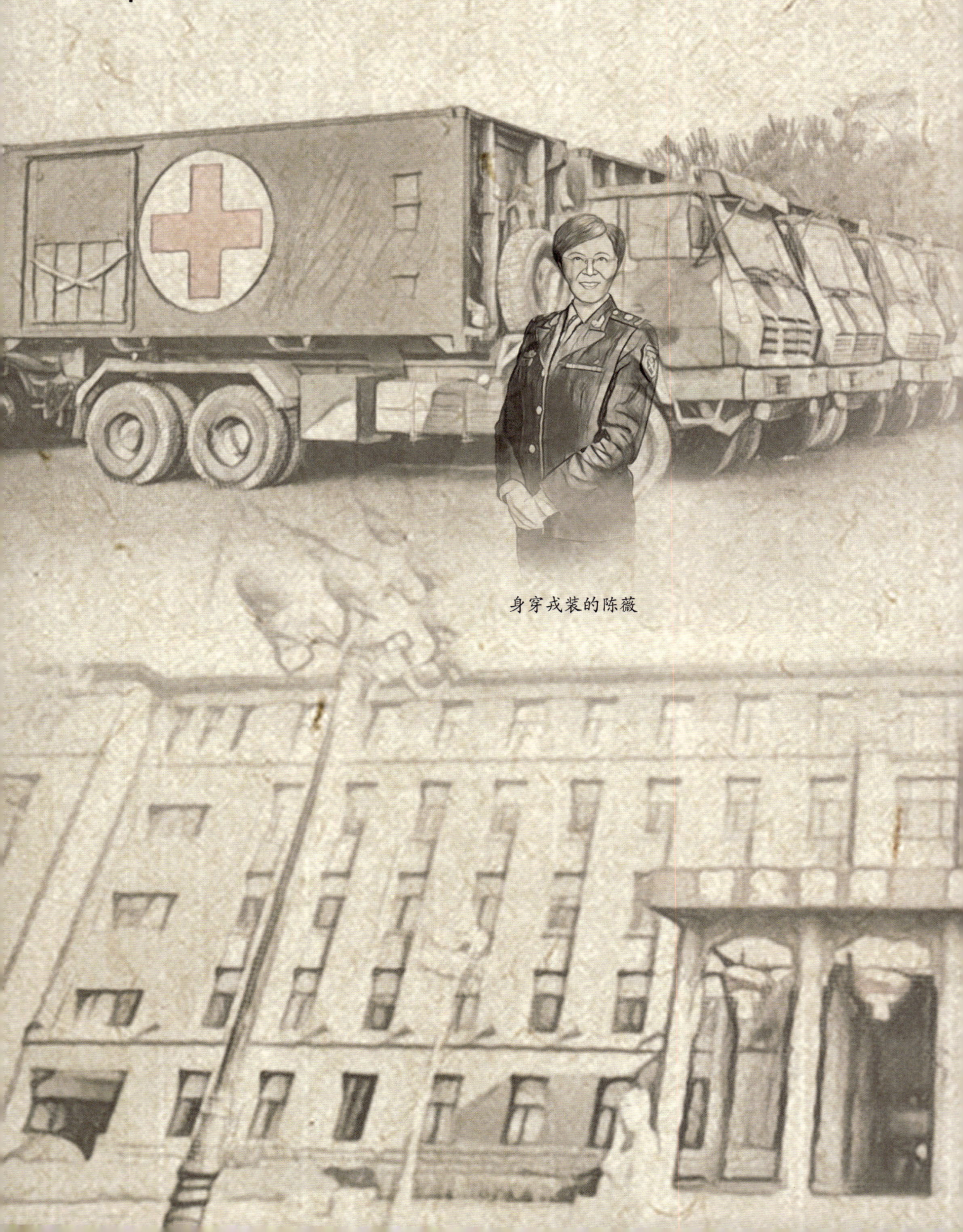

身穿戎装的陈薇

转换道路为国防

虽然是一名理科生，但是陈薇热爱文学和舞蹈。在清华园，能力出众、打扮也前卫时尚的她，走到哪里都是一道很亮丽的风景。那时，陈薇的老师和同学都不敢相信，这位引人注目的清华"女神"，有一天竟然携笔从戎，走上与"毒"作战的科研道路。

清华大学毕业前，陈薇曾与广东省深圳市一家著名的生物公司签约。然而，一次偶然的相遇改变了陈薇的人生轨迹！1990年12月，导师安排陈薇去军事医学科学院（今军事科学院军事医学研究院）取回实验需要的抗体。走进军事医学科学院，陈薇才第一次了解到，中国竟然有这样一个特殊的单位——1951年，美军在朝鲜战场使用了细菌武器，周恩来总理签署命令，从全国抽调最优秀的科学家成立军事医学科学院，担负国家防御核武器、化学武器和生物武器的特殊使命。从军事医学科学院回来之后，陈薇热血沸腾、辗转难眠，心中产生了一种投身其中、贡献才智的强烈愿望。

然而，她参军的想法招来一片反对声，好多人劝说她："清华人到部队去等于是埋没了自己，入伍就意味着落伍。"当时，陈薇的同学或是去大企业或是出国，没有选择到部队去的。但是，独立有主见的陈薇，还是坚定了自己的选择，她勇敢地穿上了一身绿色戎装，投身国防事业！

1991年，陈薇进入军事医学科学院工作。后来，她又在那里攻读了微生物学专业全日制博士研究生，完成了生物学专业博士后工作。

96 ｜ 行医道　战病毒

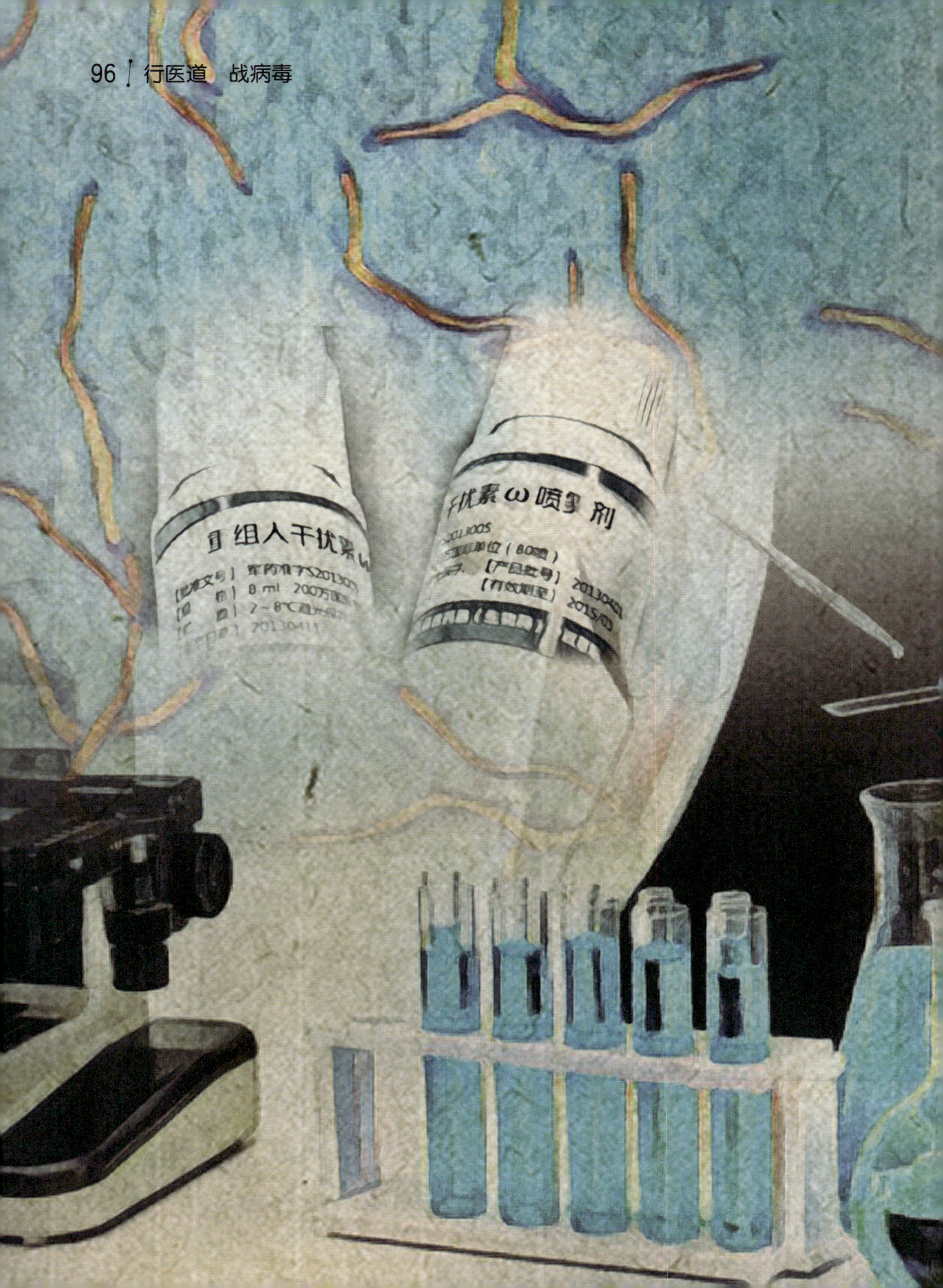

抗击病毒多成就

2003年，SARS疫情暴发，这是陈薇第一次经历的真正意义上的与病毒的大战与实战。那段时间，陈薇每天冒着生命危险，与SARS病毒零距离接触。她带领团队，争分夺秒，在国内率先确定了SARS的元凶！在研究过程中，她还发现有一种干扰素能起到预防SARS的作用。她再次带领团队，与病毒赛跑，经历了50多天没日没夜的攻关，最终获得了成功。2003年4月28日，陈薇和团队研发的"重组人ω干扰素"获准进入临床。这一支小小的喷雾剂，保护了1.4万名医护人员免于SARS感染。

然而，这只是她"战神"模式的开始！此后，她屡屡冒着生命危险，与各种足以致命的病毒"短兵相接"。

埃博拉病毒是世界上致死率极高的病毒。1976年埃博拉病毒第一次暴发时，55个村庄的人口几乎全部消失。2014年，埃博拉病毒突然在西非大规模暴发。可怕的是，此时病毒已经发生变异。当全世界谈"埃"色变时，陈薇做了一个大胆决定——前往疫区。

2014年9月，她带领团队成功研制出世界上第1支抗击埃博拉病毒的新基因疫苗。2014年12月，埃博拉疫苗获临床许可，成为全球首个进入临床的新基因型疫苗。从此，陈薇有一个新称谓——"埃博拉病毒终结者"！

行医道　战病毒

迎击"新冠"再出发

2020年年初新冠病毒肆虐。大年初二，54岁的陈薇再次出征，带领军队专家组奔赴湖北省武汉市抗疫一线！到达武汉市后，他们以最快的速度搭建起帐篷式移动检测实验室，与新冠病毒展开了较量。他们应用自主研发的检测试剂盒，配合核酸全自动提取技术开展工作，大大缩短了确诊时间，为全面控制疫情赢得了宝贵的时间。

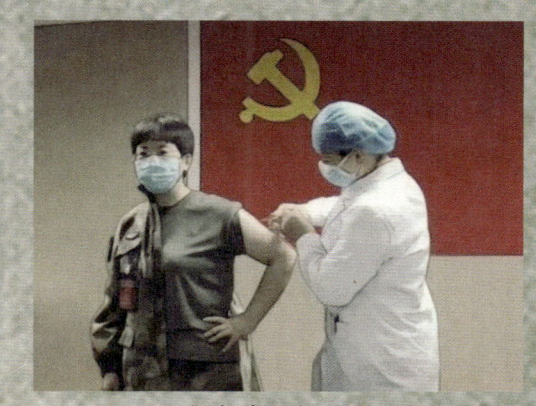

与此同时，由陈薇领衔的科研团队争分夺秒，在新冠肺炎疫苗研制方面取得了重要成果。在临床试验阶段，陈薇主动注射了第一针试验疫苗。"虽然我们有大量的实验证明这是安全的，面对未知的第一次，我觉得我得先上。如果牺牲了，也就我一个人。"她后来说。这是一种舍我其谁的担当精神，更是对自主研发疫苗的信心。

三期临床试验证明陈薇团队研制的新冠肺炎疫苗有效，获批附条件上市，进一步增加了公众战胜新冠病毒的信心。

陈薇带头打疫苗

（本文作者：韦中燊）

后记

中国科学家是为国家和民族自强、自立而忘我奋斗的可爱、可敬的人。他们身上展现出来的中国科学家精神已成为中华民族精神的一部分,激励着一代又一代有志于科学技术事业的青少年踏上攀登科学技术高峰的伟大征程,为实现中华民族的伟大复兴接续奋斗。

讲述老一代科学家的故事,弘扬伟大的科学家精神,号召更多的青少年向科学技术进军,这不仅是中国科协的责任,更是每一个学校、每一个家庭的责任。因为只有大批青少年投身科学技术事业,我们的国家、我们的民族才能得到持续的发展,才能永葆青春活力,才能屹立于世界之巅。

为了编写这套丛书,中国科协创新战略研究院面向社会专门组织了两支队伍,一支研究科技史、熟悉老一代科学家的学者队伍,承担起这项光荣而又繁重的文字撰写任务;一支富有活力的画家队伍,为科学家画像、为文字配图,用图画和历史图片融合的方式让读者身临其境。当这套书付梓之时,我们的愿望实现了一半,另一半要由读者来实现。如果你们从中得到一些有益的启示,增加对科学的一分热爱、对科学家有了新的认识,那么我们的目的就算达到了。

希望你们能擎起科学技术的火炬,照亮世界、照亮未来。